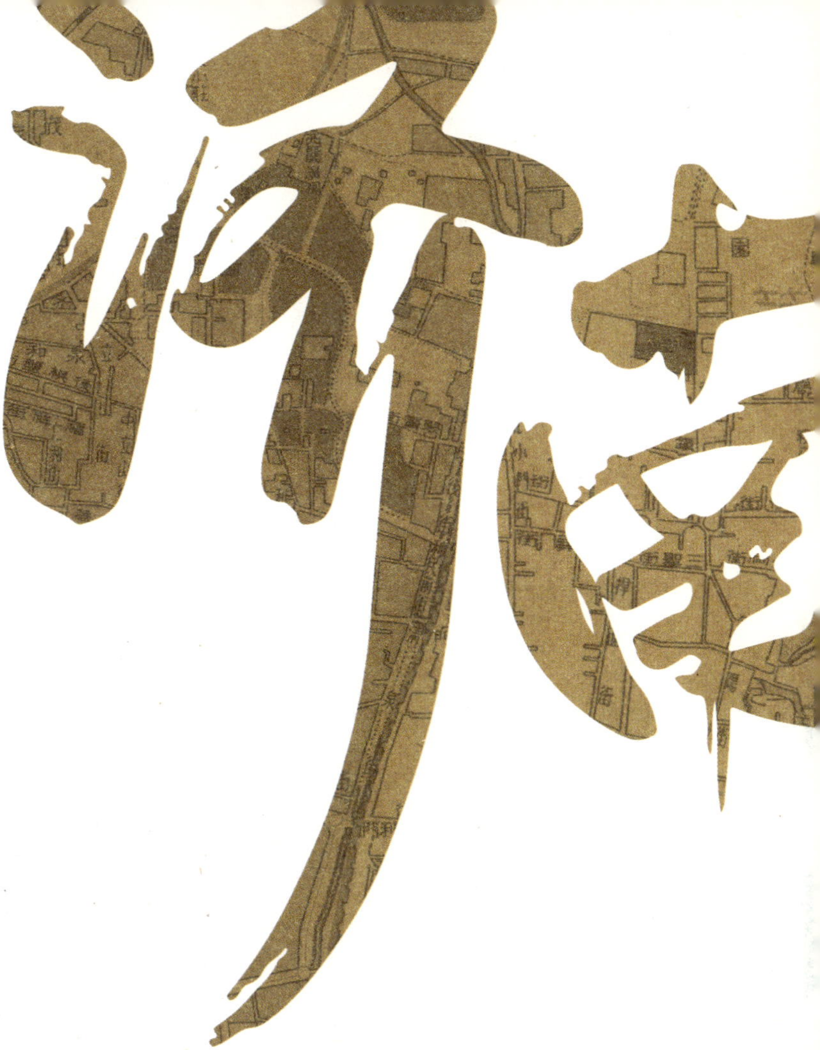

济南

杨峰·主编
耿仝·著

〰〰〰
一城山色半城湖
明府城

山东城市出版传媒集团·济南出版社

序
XU

讲好济南故事是我们的使命

看到济南出版社重磅推出的"济南故事"系列丛书，无论是作为济南城市的建设者，还是作为在这座历史文化名城工作与生活了数十载的济南市民，我都深感高兴与自豪。

伴随着这座历史文化名城发展变迁的足音，感受着这座时代新城前行律动的脉搏，我们会感到脚下的大地熟悉而又陌生。当时光列车即将驶入21世纪第三个10年的历史关口，济南的明天将会怎样，想必是每一位济南人都迫切需要了解的。要知道济南向何处去，首先要回答济南从哪里来。只有了解济南的昨天，才能知道济南的明天。了解济南故事，讲好济南故事，让更多的济南人热爱济南，让更多的外地人了解济南，使之成为建设美丽济南的磅礴动力，是我们义不容辞的使命。那么，了解济南故事，从阅读这套丛书开始，应该是个不错的选择。

济南是一座传统与现代相互融合的城市。一方面，济南地理位置得天独厚，南依泰山，北临黄河，扼南北要道，北上可达京师，南下可抵江南。济南融山、泉、湖、河、城于一体，风景绮丽，秀甲一方。她群山逶迤，众泉喷涌，城中垂杨依依，荷影点点，既有北方山川之雄奇壮阔，又有江南山水之清灵潇洒，兼具南北风物之长。作为齐鲁文化中心，她历史悠久，文脉极盛，建城两千多年以来，文人墨客、名士先贤驻足于此，歌咏于此，留下无数美好的诗篇。近代开埠以来，引商贾、办工厂、兴教育，得风气之先，领一时风骚。这些都是济南的老故事。

另一方面，作为山东省政治中心、经济中心、文化中心，当前的济南正面临新旧动能转换先行区、中国（山东）自由贸易试验区济南片区、黄河流域生态保护和高质量发展三大国家战略叠加的重大机遇，正对标习近平总书记

"走在前列、全面开创"的目标要求,阔步从"大明湖时代"迈向"黄河时代"。今日之济南,围绕"打造四个中心",建设"大强美富通"现代化省会城市,努力争创国家中心城市,统筹谋篇布局经济社会发展,大力发展大数据与新一代信息技术、智能制造与高端装备、量子科技、生物制药、医疗康养等十大千亿级产业集群,加快产业转型升级,一大批重大工程、重大项目落地投产,城市发展充满了无限生机。同时大力推进城市建设管理更新,中央商务区勃然起势,"高快一体"快速路网飞速建成,城市容颜焕新蝶变,城市品质赋能升级,城市文明崇德向善,生活在这座城市里的人们,有着以往从未有过的获得感、幸福感和安全感。现在的济南又趋势而上,加快实施公共卫生应急管理、营商环境优化、双招双引、项目建设、科技创新、城市品质提升、扩大对外开放等十二项重点攻坚行动,踏上了更为壮阔的高质量发展新征程。这是济南故事的新篇章。

作为时代变化的参与者、见证者,同时也应是优秀传统文化的守望者和美好故事的讲述者,我们有责任深入讲好济南故事,告诉世人济南的前世与今生。但也许是尊奉礼仪之邦"讷于言而敏于行"的古训吧,这些年我们做了很多,讲得却还不够。济南出版社策划出版"济南故事"系列丛书,可谓正当其时。它从多层面多角度挖掘、整理和诠释济南风景名胜、人文历史,向世人娓娓道来,并以图书的形式呈现出来,是一件有着深远意义的事情。我希望这套丛书能成为一把钥匙,为读者打开一扇门,拨开历史的风尘,带领读者穿越时光,纵览波澜壮阔的历史长卷,与往圣先贤来一场跨越时空的对话。

翻开它,我们走进历史;合上它,我们可见未来。

中共济南市委常委、市委宣传部部长

明府城：一城山色半城湖

第一章　金城汤池　/ 1

第二章　四门不对　/ 21

第三章　三山不显　/ 45

第四章　众泉汇流　/ 71

第五章　人文荟萃　/ 97

第六章　德藩王府　/ 121

第七章　三个皇帝　/ 139

第八章　怪力乱神　/ 169

第九章　守城之战　/ 185

JINAN 济南故事

第一章

金城汤池

南护城河西望（摄于 1934 年）

济南府的城墙范围定型于宋代，那时还是夯土筑城。

明初，置山东行省，济南始为山东首府，是山东布政使司、都指挥使司及按察使司驻地，全省政治、经济、军事、文化中心。当时，全国掀起了构筑砖砌城墙的热潮。据明崇祯《历乘》记载："明朝洪武四年，始内外甃以砖石，周围十二里四十八丈，高三丈，阔五丈、深三丈。"省会济南在宋元时期的土墙外砌筑砖石，变为更为坚固的砖城墙。城高池深，敌楼高耸，可谓金城汤池。

一

城墙，是人类社会发展到一定阶段的产物，由墙体和其他辅助军事设施构成。中国古代城市的城墙从结构和功能分，主要由墙体、女墙、垛口、城楼、角楼、城门和瓮城等部分构成，城墙外围还有护城河。

早在朱元璋建立明朝前，一个名叫朱升的隐士便告诉他应该"高筑墙，广积粮，缓称王"，朱元璋采纳了这些建议。全国统一后，他便命令各府县普遍筑城，济南明府城就是在这个建城热潮中建造完成的。

济南府的城墙成型于宋代，最初并非砖墙，而是夯筑的土城。

南宋时，伪齐王刘豫父子开凿了小清河，将鹊山湖及济南诸泉北注之水导向东流入济水故道，形成小清河，自历城、章丘、邹平一直入海。府城北郊鹊山湖水势消落，逐渐成为稻田，城内历水陂（大明湖）的湖面则不断扩大，到金元时几乎占城的三分之一。

金元之际，济南城屡遭兵燹。据《建炎以来朝野杂记》记载：元破金时，"两河山东数千里，人民杀戮几尽，……屋庐焚毁，城郭丘墟矣"。诗人元好问在战乱后游览济南，写下《济南行记》。面对残破的济南城池，元好问哀叹道："大概承平时，济南楼观天下莫与为比。丧乱二十年，惟有荆榛瓦砾而已。"

元代，置济南路，直隶于中书省。济南作为元朝的"腹里"重镇，经济恢复较快。戴元表《寄赵子昂济南诗》云："济南官府最风流，闻是山东第一州。"由诗可知，当时的济南城已十分繁华。明代府城就建筑在这样的基础之上。

明代洪武初年，全国各地都流行建造坚固的包砖城墙，济南府也不例外，在原有土城外瓮以砖石，改造为砖城，"以石为趾，砖为肤，土为骨"。济南明代城墙周十二里四十八丈（约合6 160米）、高三丈二尺（约合10.7米）、厚三丈（约合10米）。由于济南地势高低及城周水流速度不同，护城河水及山洪不断冲东、南两面的土基，致使济南府城四面城墙的高度逐渐不同。据清代道光年间实测的高度，东、南两面城高三丈一尺（约合10.3米）至四丈（约合13.3米）不等，西、北两面城高二丈四尺（约合8米）至三丈（约合10米）不等。

明代辟建有四处城门：西门为泺源门、南门为舜田门（后名历山门）、东门称齐川门、北门为会波门（又名汇波门）。除北门外，其余三处城门外各建有"瓮城"（亦称"月城"）突出于外。瓮城者，顾名思义，一旦敌人进入此处，就会遭到四面围攻，犹如瓮中之鳖。为了避免城门不致直接暴露在敌人的攻击下，在城门外侧添筑城墙一道，以形成一区面积不大的防御性附郭，这就是所谓的瓮城。瓮城上又各有一道子门。东瓮城和南瓮城各开两个侧门，名"放军门"。这四座城门中，东门、西门、南门是常年开放的，而北门为水门，每年春天开启城门，冬天则重新封闭。

城门及瓮城子门上均建有高大的楼宇，用于防御、指挥、瞭望。东门、西门、南门、北门之上建有

南门瓮城及护城河（摄于1904年）

南门城楼（摄于1928年）

四座敌楼，东门、西门、南门瓮城子门上建有三座箭楼，巍峨轩敞，屹然大观。城墙四角，各建有一座角楼，总计四座。角楼建于城墙转角处，功能与城楼相仿。城墙东南角处的城楼名九女楼，因为城势逼狭，城墙委折有九峰而得名，俗名三角楼。结构奇巧独特，建筑出自名家之手。在南门迤西、西门迤北、东门迤南、东门迤北处的城墙上，共建有四座瞭望楼。以南门迤西处的望楼最为壮观，名为观风楼。

建成之初的明府城，城墙上共有各类城楼十四座。其南诸楼，远眺群山，独踞一方之胜；其东诸楼，遥观旭日，俯瞰三齐，故城楼上的匾额一曰"永安"，一曰"镇海"；其西诸楼，紧邻泺水及五龙潭诸泉，群波环萦，民廛错列，因西南角楼中贮炮，故额匾额曰"先声如雷"，后改为"拱宸"；北楼居大明湖岸，俯临会波桥，南瞻历山，北望鹊、华二山，故匾额曰"河山一览"。一直到明末，许多城楼都因战争及自然因素毁坏了，除四门外大多都未再重建。至清代，济南府城共有东、南、西、北4座城楼，东、西、南3座箭楼，以及东南角1座城楼，各类城楼总计8座。

城墙辟建垛口3 350个。后因垛口较窄，使用火炮不便，随时修并，至清末还有2 092个。此外，城墙还筑有铺舍、旗台、敌台等防御设施，以及马道、吊桥等交通设施。

铺舍是古时街坊巡逻军卒驻扎之所，内有卫军直宿，战时也贮藏武器。铺舍建造在旗台上，旗台是向城内凸出的台子，上有旗杆，以便巡城通讯之用。

敌台又称"马面"，是依一定距离在城墙外侧建凸出的墩台，因外观狭长如马面而得名，能够自上往下从三面攻击城下的敌人。它一般宽度为12～20米，凸出墙垣外表面8～20米，间距为20～250米（多为70米），即在弓矢投石的有效射程以内。明府城建成之初并没有敌台，万历二十年（1592），宋应昌巡抚山东时创建敌台十三座。明崇祯十三年（1640）增置四座，清初又续建八座，总计二十五座。

上下城墙需经过马道。马道就是一道直通城墙的斜坡，多修建在城门处。明代有马道六处：南门，城门内外各有一条马道，都在城门的东侧；

南门城墙（摄于1928年）

东门也有两条马道，城门内外各一条，都在城门南侧；西门也有两条马道，城门内外各一条，都在城门南侧；北门内有马道一条，在城门东侧。经过历次重建，至清代，只有东、西、南、北四门内的四条马道。

东、南、西门外各有吊桥一座，平日放下，战时收起。北门因为是水门，所以没有吊桥。东门、西门外水道较宽，又是行洪水道，故都建有石桥，桥接吊桥。

城墙外挖有护城河，绕城一周，宽约五丈（约合16.7米），东、南护城河水面较宽，西、北护城河水面较窄。护城河平均水深约1米，后经疏浚，清道光年间，南门外自桥底至河底深一丈七尺（约合5.6米），东门、西门外自桥底至河底深一丈六尺（约合5.3米），北门外自河岸至河底水深六尺（约合2米）。

东门城墙下的打水人（摄于1937年）

　　四座城门内都设有官厅，作为指挥、管理城防之所。东门、南门、西门内各二座，北门内一座。此外，东、西、南三门内还设有惠民药局。

　　罗马不是一天建成的，济南府的城墙也不是一朝一夕定型的，历朝历代多有修建。成化四年（1468），分巡济南道佥事张珩重修；十九年（1483），巡按御史宋经重修；万历二十年（1592），山东巡抚宋应昌重修；天启五年（1625），山东巡抚吕纯如重修；崇祯七年（1634），山东巡抚朱大典重修；康熙十四年（1675），山东巡抚赵祥星重建；康熙二十七年（1688），山东巡抚钱钰重修；道光十六年（1836），济南知府王镇疏浚城河。历经明清两代的建设，济南府城的城墙比最初增高了1米，城河深了1米。

　　在近六百年的时间里，府城墙历经燕王攻城、清军陷城、"五三惨案"、济南战役等数次重大战事。济南府城墙在20世纪40年代末已经千疮百孔，岌岌可危，城门三处被拆，城楼仅余两处。20世纪50年代，为了城市建设需要开始拆除城墙，采取以工代赈的方式，前后拆了十多年。拆除的东、南、西三面城墙，分别辟作了今天的黑虎泉北路、黑虎泉西路和趵突泉北路，北侧城墙在大明湖公园内，至今仍可以看到部分残余的土芯。

二

济南古城的兴起赖于得天独厚的自然环境，特别是以泉水为特征的自然地理环境。水，深刻地影响了济南的地表景观，并对济南城市的孕育、择址和城市建设等产生了深远的影响。在漫长的历史岁月中，济南人独具匠心，依据山河泉湖之利，引水成渠，汇泉成湖，将山、泉、溪、湖与城市建设巧妙结合，织就了一幅浑然天成的、秀美的"泉城"画卷。

府城外匝是护城河，古时也称卫城河、环城河、城壕、城隍，是国内唯一一条由泉水汇流而成的城河，全长6.9千米。从明代济南府城图看，600年前的城墙外围已经有了相当宽阔的水道，护城河与城墙之间留有数丈宽的护隍。护城河的水源是趵突泉、黑虎泉两大泉群，以及从城南千佛山、四里山、燕翅

东门及护城河（摄于1932年）

西护城河

山等山谷流至城区的雨水，水源充足，河流稳定。护城河不但在军事上起着护城的作用，串联起沿河景物，水光城色，更给泉城济南平添了江南风韵。

护城河的东、南、北三段都是古代不同历史时期基于城防目的人工开挖的，唯独护城河的西段是延续自然形成的水道，它存在的历史要比济南城的历史久远得多。

西护城河古为泺水。《说文解字》记载："泺，泺水，齐鲁间水也。从水，乐声。"泺水，古水名，源出今趵突泉，北流至泺口入四渎之一的济水（此段济水即今小清河）。"泺"字的一个含义是湖泊，古代，自趵突泉向北，有大大小小数个相互毗连的湖泊、沼泽、湿地，一直向北连通济水，故称之为"泺"。公元前694年鲁桓公与齐襄公相会的史实，说明在那之前就有了"泺"这个名称了。

古泺水的源头是趵突泉，北魏地理学家郦道元所著《水经注·卷八·济水二》中记载："泺水出历（城）县故城西南，泉源上奋，水涌若轮。泺水北流为大明湖，西即大明寺，东、北两面则湖。"又载："俗谓之为娥姜（英）水也，以泉源有舜妃娥英庙故也。"趵突泉畔曾建有舜妻娥皇女英祠，故古泺水曾被俗称为娥英河。宋代曾巩任齐州（济南）知州时，曾在泉边修建馆舍，南堂即被命名为"泺源堂"。元代著名画家、诗人赵孟頫在《趵突泉》诗中赞道："泺水发源天下无，平地涌出白玉壶。"

泺水历史上曾经流入济水，入济水的地方叫"泺口"。后来济水断流，济水故道为大清河占用，泺水在华山附近流入大清河，张养浩《双调·雁儿落兼得胜令》中就有"酒吸华峰月,诗吟泺水春"等语。南宋建炎四年(1130)至绍兴七年(1137),伪齐皇帝刘豫命人在历城东北华不注山阴筑下泺堰,水入济水故道东流入海。元代于钦《齐乘》记载:"古泺水自华不注山东北入大清河,伪齐刘豫乃导之东行,为小清河。"自此之后,泺水流入小清河,成为小清河上游的一部分。又据明刘敕《历乘》载:"小清河,水出大明湖,环城而东,合黑虎泉诸泉之水,东北绕华不注山,经章丘、邹平、新城诸县入海。此刘豫之运河,今迷其故道。"明初,小清河上游水患频繁,如今看到的小清河已不是旧日小清河的故道了。

西护城河的主要水源地虽然是趵突泉泉群,但河道的上源却一直向南延伸,与山水沟、南圩子壕相通。以前,西护城河是济南市区非常重要的一条行洪河道,每到夏秋雨季,南部山区洪水暴发时,千佛山等城南诸山的洪水会通过山水沟汇入西护城河,最终流入小清河。

如今,西护城河的上源为广场东沟,中以山水沟相连,都隶属于西泺河河系。广场东沟南起金鸡岭,北至南圩子壕沟,南圩子壕沟往北就是山水沟。广场东沟南头有一座分洪堤坝,名为黎明坝,因为距离老城区二里地,旧时也称作"二里坝"。黎明坝以北就是山水沟,汛期洪水经黎明坝分洪后,流入山水沟。它在原南圩子城墙至内城南城墙之间,是一条南北向的排洪沟,现已整体覆盖,上面成了柏油马路——现在的趵突泉南路南段。

西门城楼(摄于1928年)

广智院

过去，山水沟在枯水期又是一个非常有名的集市即山水沟集，大约始于清代中期。它以山水沟街为中心，向东扩展到南券门巷街南头，向西到广智院，向南到南圩子墙根铁箅子，向北则止于水潮庵。集市几乎占据了整个的山水沟街，波及山水沟四周的街道，人称"破烂儿集"。山水沟集以农历每月的二、七日为集日，集市当天早上，出摊的、赶集的便摩肩接踵、熙熙攘攘，加上叫卖吆喝声、讨价还价声，整个集市热闹非凡。关于这个大集，老舍先生在《广智院》一文中记述道："山水沟的'集'是每六天一次。山水沟就在广智院的东边，相隔只有几十丈远，所以有集的日子，广智院特别人多。山水沟集上卖的东西，除了破铜和烂铁，就是日本瓷、日本布、日本皮鞋。买了东洋货，贵黄帝子孙乃相率入西洋鬼子办的社会教育机关——广智院。"山水沟集上的旧书摊深得知识界人士的青睐。这是因为集上曾出现过珍本旧书、古字画、古瓷器、古墨之类，价格十分低廉。已故山东宗教界著名人士王神荫神父在《"七七"事变以前的齐鲁大学》一文中记载，当年齐鲁大学里的洋教授、洋传教士们是很喜欢搜集中国古物的，便也频频光顾这里的山水沟"破烂市儿"，在地摊上拣古寻旧、觅宝搜奇，如旧画古玩、出土器皿，坛坛罐罐儿之类。据说，这些"洋人"还真淘到过好东西，廉价买去过不少流散民间的宝物。民国初年，山水沟堤岸上又分化出专业市场，沟西的青云里南北有数十家家具和嫁妆木器店，沟东的穆家园和杉篙园一带，则有成垛的木材、杉篙、毛竹，还有铁货铺和陶器铺等等。

山水沟北头，过去有一座有着"镇水"功能的水潮庵，与山水沟南头的龙王庙遥遥相对。水潮庵曾名三圣堂、金地院，约建于明代，曾于明嘉靖二十年（1541）、清乾隆四十四年（1779）重修。原庵庙坐北朝南，门前有块数十平方米的空地，空场地南侧与山水沟街连为一体。水潮庵东西近20米宽，南北30多米长，有二进的主院落和东跨院。正殿祀观音大士，阁龛门上有"水月清境"的牌匾；东、西配殿内分别供奉着阿弥陀佛和大势至菩萨；后院有一排靠街的北房，为尼姑住房；后院的东侧是东跨院，为停灵处，其北门与后营坊街连接。旧时，凡农历二月十九日观音诞生日、六月十九日的成道日、九月十九日的出家日，人们便会来到水潮庵叩拜祈祷，俗称为"观音香会"。水潮庵在民国时期已经破败，1963年拓宽趵突泉南路时拆除了所有残余建筑。

山水沟过去在水潮庵处拐了一个弯，经趵突泉再入护城河。如今，山水沟与护城河直接在坤顺门桥东侧相连，马跑泉等处的泉水由坤顺门桥西侧流入护城河，趵突泉等处的泉水在西门南侧汇入西护城河。

西门往北不远，过去是济南电灯公司，发电用水全部取自护城河内的泉水。1905年6月，时任山东机械局总办的刘恩驻自筹27.9万银圆，购

站在东门城楼上南望群山（摄于20世纪20年代）

置了德国西门子洋行两台42千瓦蒸汽发电机组，买来3吨低压蒸汽锅炉各2台，在百花洲南岸的院后街（现曲水亭街25号）建筑了占地约两亩的厂房，雇佣工人40余名，创办了山东第一个民营电气企业——济南电灯房。当时由于发电机组容量小，能带起5 000盏电灯，仅供官府和院前、院后、西门一带商户照明用电。1909年，济南电灯房在东流水街中段（今趵突泉北路原山东省工业展览馆和济南供电局旧址）购地6亩余，另设新厂，添设了英国拔伯葛公司生产的2台供热面积为209平方米的锅炉，并配备2台德国西门子洋行的立式蒸汽发电机，总容量为420千瓦，规模一下子扩大了5倍，供电范围扩展为西到商埠、南到南门、东到芙蓉街以东的区域。而到了1911年前后，电灯照明区域逐步扩展到商埠和全城。这座发电厂一直到1962年才停止发电。

电灯公司旧址以北，护城河的西岸，是一条名为铜元局前街的街巷，清代的济南铜元局就曾坐落于此。光绪二十九年（1903），济南铜元局开始兴建，翌年七月竣工开铸，至1906年12月14日停止铸造。停铸后，铜元局议改为"官纸局"，由山东劝业道道员、原铜元局总办丁道津，承托礼和洋行购德国兰慈厂造纸机一部，在原址开始筹建。1909年7月8日，官商合办的山东泺源造纸印刷公司正式开业，厂区面积47余亩，由丁道津任公司总经理，为山东最早的一批民族工业。"济垣造纸公司自开办以来，所造各种纸张极为坚致，足于洋纸争衡""价亦甚廉，其信笺尤为精美，现尚竭力研究改良"。（天津《大公报》1909年10月28日第三版）泺源纸厂创办之初，产品尚好，销路畅达，后因"洋纸"输入大量增加，在竞争中，逐年失利，迫于1914年停业。1917年山东督军马良租赁纸厂，改名成业造纸厂，因资本不足，生产年余，于1919年又告停业。1919年4月，原察哈尔都统何宗莲（又名何春江，山东平阴人）同其他人合伙，购买厂房机器，自行经营，并任总董事长，改厂名为华兴造纸股份有限公司。1945年8月，改名为山东第二造纸厂。1947年9月，由何少江赎回纸厂，仍定名华兴造纸股份有限公司。1948年9月济南解放，军管会接管了造纸厂，恢复了生产。1950年6月，成立山东造纸总厂，划归中央轻工业部领导。

西护城河北段东岸，明湖路西端，过去是济南府城乾健门旧址。乾健门内北为大明湖，南为小明湖（又称"南湖"，今已消失不见），两湖直接有一道木桥连接，桥名"玉涵桥"。民国时期，乾健门外为二虹桥，桥西是丰年面粉厂，面粉厂以北是山东赈务会。乾健门往北的街道名为启盛街，过去名为七圣街，因街上有一座道教宫观七圣堂而得名。启盛街的北头为角楼庄，该庄因正对府城墙的角楼而得名。

西护城河与北护城河交汇处有一座桥梁，名为"苇闸桥"。苇闸桥原名永清桥，初建时为东西走向单孔半圆石拱桥，石拱孔径4.5米，长8米，宽5米，该桥在解放战争时被破坏，1949年5月照原样修复。

三

济南古城东南角，东护城河与南护城河的交接处，城墙上有一座气势宏伟的三角楼，名为"魁星楼"。

魁星楼，又名奎星阁、奎阁，俗称三角楼。这一段城墙"城势逼狭，乃委折以因其势，上有九峰"，"九峰"即九处高出的女儿墙，故魁星楼也称之为"九女楼"。

魁星，又称"奎星"，一指奎宿，一指魁星。奎宿为星官名，为二十八宿之一，是西方白虎七宿中的第一宿。奎星共有16颗，奎宿1至9属于仙女座，奎宿10至16属于双鱼座，后世把"奎星"演化成天上文官之首，为主宰文运与文章兴衰之神。魁星是北斗七星勺部前四颗星的总称，北斗星的前四颗星天枢、天璇、天玑、天权组形如勺斗身，古曰"魁"，道教尊其为主宰文

魁星楼（摄于清末）

黑虎泉附近的城墙（摄于20世纪20年代）

运的神，是文昌帝君的侍神。二十八星宿与北斗七星宿是两套不同的知识体系，但因奎宿与魁星都是主宰天下文运的大吉星，所以民间将二星混合为一。清代学者顾炎武在《日知录》卷三十二中说："今人所奉魁星，不知始自何年，以奎为文之府，故立庙祀之。乃不能像'奎'，而改'奎'为'魁'。又不能像'魁'，而取之字形，为鬼举足而起其斗。"可略见自"奎"而"魁"的缘由。魁星信仰盛于宋代，经久不衰。

因此，明清以来的城墙上大多都建有魁星楼或奎阁，供奉西宿奎星与北斗魁星合二为一的星神，借以兴一城文脉。古人认为，东南方属巽宫，是透风的方位，可以通天地之间的气运，所以无一例外，各地的魁星楼都建在城墙的东南角，也就是所谓的"巽地"。

按过去的说法，济南府城的东南角是龙脉入城的地方，所以建魁星楼以接引。济南魁星楼始建于明代，清道光五年（1825）重修。魁星楼是济南城墙上最为恢宏的建筑，结构非常精巧，共有三层，第三层内塑有魁星像。没见过魁星像的人大多会认为主管文运的魁星是位文质彬彬的白面书生，恰恰相反，魁星像面目狰狞，金身青面，赤发环眼，头上还有两只角。魁星右手握一管大毛笔，称"朱笔"，右脚金鸡独立，脚下踩在一条大鳌的头部，意为"独占鳌头"；左手持一只斗，左脚摆出扬起后踢，以求在形象上呼应"魁"字。每逢考试时魁星便右手握一管大毛笔，左手捧一斗四处巡视。据说斗里是众考生的姓名，如果有幸被魁星那支笔点中者就可以金榜题名、独占鳌头。

魁星楼下的护城河内泉源众多，大多都是宋元时期挖掘护城河的产物。有趣的是，明代以后历次疏浚护城河都能挖出泉眼来。乾隆五十九年（1794）春夏之交，时值济南干旱，当时任山东布政使的江兰趁机招募河工疏浚河道。河工清淤时，于魁星楼下石滩中掘出一泉，泉水"味甘如醴"。因泉水位于白色石滩上，水中白石或出，或没于水面，故命名为白石泉。嘉庆二年（1797）秋，时任云南永平县知县的著名书法家桂馥撰书《白石泉记》，并"属其友陈秉焞为之立石"，即白石泉碑（今碑已没）。桂馥在《记》中写道："乾隆甲寅（1794）春夏之交，偶值小旱。方伯江公捐廉募夫，疏浚泉源，以祈渥泽。旬日之内，甘霖应祷于时，巽地有泉涌出，白石粼粼，味甘如醴。既滋灌溉，又便汲饮，居人乐之，因刻石记事。方伯名兰，字畹香，安徽歙县优贡生。前任豫、滇两省抚藩，俱有惠爱。二东善政，尤不胜记，此特恒河一沙耳。"曾在附近居住的清代文人乔岳写有一首咏泉诗，描绘了白石泉畔的景色："风满园林月满楼，一泉围绕半城秋。溪西烟树知多少？添个渔船胜虎丘。"

白石泉

明清时期，魁星楼俗称"九女楼"，白石泉西邻还有一处以"九女"命名的泉。1928年出版的《历城县乡土调查录》中就已有九女泉的记载了。此泉水泡从池底冒出，袅袅升起，于水面碎裂。泉水高于河水，形成涟漪荡漾的水湾，清澈见底。泉池于1965年重修，不规则假山石驳岸约长10米，宽4.4米，深1.15米，半伸河中。泉水自岩孔涌出，常年不竭。

清末科举终止后，魁星楼失去了它的功能，后因年久失修，于20世纪30年代初被拆除。

民国时期，在魁星楼旧址建起了气象台。1928年，山东建设厅在泰安设置仪器观测气象，不久移济南按察司旧衙署，设简易气象台。1931年，拆除了已残破不堪的魁星楼。同年11月，在东南角的城墙上建起了一座现代化的气象台，并在城墙东侧修筑了登城台阶，正式成立了山东气象测候所，隶属山东省政府建设厅。测候所每日于0时、3时、6时、9时、12时、15时、18时、21时共分8次进行气象观测，每日6时和14时向北平、青岛、南京等地拍发气象电报。每天发布的天气预报则刊载于济南的《民国日报》，并编印《济南气象月报》及《气象变迁图》。该所还承担全省各县气象测候所技术人员的培训和工作指导，帮助各县设立测候所。1937年12月，济南沦陷，测候所停止气象观测。1938年5月，伪山东省政府建设厅在魁星楼恢复测候所，改称"山东省立气象观测所"，每日在7时、10时、13时、16时、19时、22时共进行6次气象观测。1945年日寇投降后，国民党军队曾在此驻扎。

济南是山海关内最早解放的省会城市。1948年7月，中共中央军委和毛泽东向华东野战军发出夺取济南的指示。9月16日至24日，我华东野战军攻城兵团进行了8个昼夜的激烈攻坚作战。24日凌晨，华东野战军9纵73团率先突破内城东南城墙角，攻城兵团随即展开巷战，全歼守敌，济南宣告解放。中共中央在贺电中指出：济南的攻克，"证明人民解放军强大的攻击能力，已经是国民党军队无法抵御的了，任何一个国民党城市都无法抵御人民解放军的攻击了"。济南解放当日，中共中央军委授予攻城部队华东野战军9纵73团"济南第一团"的荣誉称号。

济南解放后，逐渐拆除了残破的城墙，修筑为环城马路。城墙东南角的城砖被拆除，仅存留一夯土芯。1965年，济南市政府决定在旧城东南角即济南战役突破口遗址修建解放阁。1965年由古建专家范征一设计，利用残存土芯及城墙旧有青石修建成台基，后因资金不足而停建。1985年重新动工，于台基上兴建阁楼。翌年9月，解放阁落成开放，1988年被评为泉城十大景观之一。解放阁自2008年起免费开放，它集展示、教育、游览于一体，不仅成为革命传统教育的重要阵地，同时也是济南的标志性建筑之一。由阁上临风眺望，护城河波光潋滟，画舫穿梭往来，远处群山环抱，济南山水大景观尽收眼底，蔚为大观。

四

2017年3月14日下午，伴随着西城根街的一处违章建筑的拆除，济南残存的最后一段城墙"重见天日"，一时又成了新闻话题。为何说"又"呢？2003年，考古工作者在西城根街发现了这段明代城墙，墙体长约15米，高约6米，上部由青灰色砖垒成，下部由大块石条砌成，是我市最后一处保存较好、原汁原味的明代城墙。隔年3月中旬，济南市考古研究所对其进行了考古发掘，随后被评选为济南市第三批文物保护单位。10年后，这段城墙再次进入了人们的视野。

明代城墙墙基遗迹

明代制砖业的蓬勃发展，使陶砖普遍用于各种建筑。现存各地的砖城墙，几乎全部建于明代，特别是中期以后。虽然这些城墙绝大多数都是两侧包砖、中央填土的形式。济南的明城墙，城墙外皮都是砖石建构，内里是夯土。保存下来的这段古城墙长并不是完整城墙，而只是城墙的内垣墙，城墙土芯及外垣墙都已不复存在。现西城墙遗址总长15米，最高处相对标高为6.2米，最低处相对标高为4.8米。这段城墙一直作为某单位的围墙才得以苟延，是济南市目前仅存的一段明代古城墙。在西城墙根的北段路西，过去还有一段高2米、长近50米的城墙遗迹存在，可惜修建开元广场时被破坏掉了。

　　残存的这段城墙为南北走向，依外观大体可分为三个部分，南段下部是条石、上部是杂砖及碎石块垒砌，中段大部分是大型城砖垒砌，北段为与主体部分呈90度夹角的东西向墙体。残墙南段下部由条石垒砌，上部的杂砖、碎石其实并非城墙，而是后来在做围墙时修补的。只有那一段下有石条的墙体才是明城墙原物。济南地下水位高，地面潮湿，所以城墙下部用来防潮的石条垒砌的特别高。残墙的中段、北段下部三分之二都是明代城墙原貌，用石灰、糯米汁、桐油作浆，以明代大城砖砌筑而成，每块城砖约重15斤。糯米灰浆修建城墙的工艺，经过时间验证是科学的，糯米含淀粉不容易切断，石灰吸收二氧化碳时间长了就形成了坚硬的碳酸钙，桐油干后增加黏合性并有一定的防潮功能，正所谓"强强联合"，其耐久程度不亚于今日的水泥砂浆。

　　令大多数人疑惑的是，残墙中段、北段下部没有条石，而是直接用砖垒砌，北段墙体突然呈东西走向。是曾被破坏，抑或拆除另建了吗？其实，残墙的中段与北段是一体的，都是明代城墙的原貌。明朝曾先后五次整修济南府城墙，使其基本定型。古代城墙是由城墙、城楼、护城河、马面、敌楼、角楼、瓮城等组成的立体城防格局。城墙的外侧叫垛墙或雉堞，内侧叫宇墙或是女墙，内女墙一条平直的墙，可以保证通行安全。城墙每隔一定的距离就有向外凸出敌台，俗称"马面"。马面是向着城墙外侧凸起的，而马面附近还有向城内侧突出的实心台，那是建筑铺舍、放置滚木礌石的"旗台"。济南城墙的旗台与铺台是合二为一的，旗台上构筑铺舍，用于防卫士兵居住、值守，其功能与现在高速公路的服务区仿佛。据《历城县志》记载："铺与旗相兼，内有卫军直宿，夜则千百巡视，晨则赴各该司回风。"过去，这样的旗台在护城河沿岸共有55座，残存的这段城墙北段，就是过去旗台的一角。

旗台与马面可以互不相涉，但也有建在一处的。从民国初年的地图及老照片中可以看到，这段残墙所在的位置恰恰是旗台与马面建在了一处。而据《历城县志》记载说明残墙南段建于明朝初年，北段建于明末，这就是这段墙体建筑样式不同的原因所在。

有趣的是，在这段城墙的南侧，还曾通过考古发掘发现过与之接壤的另一部分城墙。

2006年3月，紧靠这段明城墙遗址的趵突泉北路6号开始拆迁。此处正好位于过去城墙走向之上，因此可以断定地下肯定还有城墙遗迹。2007年3月15日，经济南市文物局同意，报国家文物局批准，济南市考古研究所对工地进行抢救性考古发掘。整个发掘区南北长70米，东西宽40米，占地面积达2800平方米。发掘战国至明代的灰坑8个、房址5个、水井4口等遗迹，出土了大量精美的青花瓷片。最为重要的是发现了深埋地下的一段老城墙，城墙位于整个发掘区的对角线以西，内檐墙长80米，外檐墙长55米，城墙遗址可分为墙体部分和墙基部分。通过解剖发掘，并对照文献记载，可以确定这段城墙的始建年代为宋朝。

出土城墙整体为南北走向，内侧有一突出"凸"字形，为铺舍遗存，此处底部宽15.9米，在出土城墙中最宽，其北侧城墙宽12.7米，南侧城墙宽12米。城墙两侧为砖石，中间为夯土。城墙两侧结构有所不同，内檐墙最外面为28~36厘米宽的条石砌筑，其次向里为50~70厘米的砖石混合填筑；外檐墙最外面为30~48厘米宽的条石砌筑，其次为20~25厘米宽的条石，再向里为20厘米宽的砖不规则堆筑。墙体中间部位由夯土版筑而成，层次明显。

在清理城墙条石时，考古人员发现条石中竟有不少是被再次利用的墓碑，共发现了8块残破的墓碑，其中有3块刻有年号，分别是至正十六年（1356）、至正十二年（1352）和至元四年（1338），都是元顺帝年号。

宋代城墙遗址发掘现场

　　这次抢救性考古发掘结束后,趵北路6号就建起了楼房,出土的城墙如昙花一现,不复存焉。只留存了西城墙根街的这一小段内城墙遗址。

　　如今,与这段城墙有关的历史都成了过往云烟,它仰视过的英雄也好,奸佞也罢,都已化作尘土。只有这段城墙依旧顽强地矗立着,见证着济南城的历史变迁。

JINAN 济南故事

第二章

四门不对

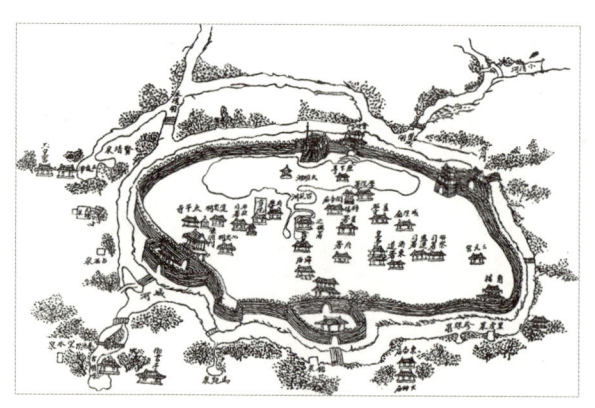

清代济南府城图

济南民间有句谚语，叫作"三山不显出高官，四门不对出王位"，即东、西、南、北四座城门并不是两两相对的。济南府城的四个关厢，南门略处正中，东门偏北，西门偏南，北门偏东，南北、东西并不在同一条中轴线上。所以志书有云："其门南居中，东偏北，西偏南，北偏东，西去南近，东去北近，故谚相传四门不对。"这与其他古城四门相对的惯例是完全不同的。

"四门不对"怎么就出了"王位"了呢？因为明代济南府城的正中，是德藩王府，每一座城门都能通往德王府。由此看来，这一民谚应该是明代之后出现的。

一

济南近世所见的城墙建于明洪武四年（1371），后有多次整修。而明代城墙是在宋元土城墙的基础上修建的，宋元城墙又在唐代郭墙的基础上演变而来。唐代及唐以前，济南郭、城兼备，郭墙内同时存在两个小城。郭墙四至大致相当于后来的明清府城墙，郭内东、西对峙的两座小城，其范围大致相当于明清府城的西南部分与东南部分。所以济南城门的位置，是沿袭了旧城墙的布局，并不是简单的一时或一事形成的，而是城市不断发展的结果。

南门名"舜田门"，后改为"历山门"，位置略处正中，这是旧城位置最端正的城门。之所以讲"略处正中"，是因为济南的城墙不是正四方的，只能粗略取中。若以城池的最东偏为界至，则南门处正中，若以南城墙计，则南门略偏东。南门是一座城池的正门,是城的脸面,在城市建筑中具有很重要的意义,故无特殊情况,南门必然要建在城市南北中轴线上。但济南的南门,并不是单纯地为了符合中轴线而营建,它的位置源自郭墙的南门。唐代及唐之前的郭墙南门,正在东、西两座小城之间,是为了方便两座小城的进出而建的。宋元土城南门继承了唐代郭墙南门的位置,明代建筑砖石城墙的时候又继承了宋元南门的位置,所以有了现在的情况。南门地位虽然很重要,人流却不多,唯去千佛山方便,去长清的大路反不如经由西门绕出方便。

东门名"齐川门",位置偏北,是位置最偏的城门。济南的东城是曲折最多的一段城墙,之所以形成这种情况,是因为这段地势复杂,为了迎合水势而建。济南城东南地势偏高,夏季洪水径流量大,洪水很容易冲破东门涌入城内,所以东门建在了偏北、地势相对平坦的地方。而且,明代以前东门一带人烟稀少,即便城门为水所坏,往北也只会流入东湖,不会对居民造成太大影响。加之济南城的东北方是去往章丘、淄博的必经之路,东门开在此处,出行反而更方便。

西门名"泺源门",位置偏南,是延续最久的城门。如前所述,唐代及唐之前的济南城外为郭墙,内有两座小城,西南的小城是建于秦汉的历下古城,小城的西门就小城而言是居中的,但对于外面的郭墙来说就偏南了。小城北墙外的居民较少,西郭门开在与小城西门相近的位置,更利于进出通行。加之此处西行是联通北走燕冀、南去长清的孔道,出行方便,所以宋元土城、明清砖城的西门都开在此处,从未变过。

北门名"汇波门",又作"会波门",俗称"水北门",位置偏东。北门之偏,有人认为是大明湖泄水的原因,但大明湖泄水为何不能取中而独偏东呢?北门的偏差,是因为最初是历水出郭处,在现代大明湖水域形成之前就已经存在

西门瓮城(摄于清末)

了。唐代之前的大明湖水域，只局限于现今水域的西北角，历水自舜井出，经流杯池北去又折东北出郭，最早构筑郭城的时候就地势留了一个历水出郭口，而未建正式的北门。到了宋代，现代的大明湖水域已经形成，北门自然而然地成为大明湖出水处，依然是个水门。在很长一段时期，济南城内的北部是稻田苇地及大明湖，城外的北部是大片湖沼，北门并没太大的交通意义，所以千余年一直保持了原来的位置。

明清时期，济南府城受湖泊、泉池和沟渠等制约，布设建筑物只能因地制宜，因此城区没有围绕中轴线作对称布局。古城略呈正方形，德王府（清抚院）坐落在中轴线上，中轴线向南延伸经过王府前街（清改称院前街）的天地坛街，向北延伸出后宰门过历下亭。受城北大明湖水的制约，城市缺失纵贯全城南北的街道。同时由于东西一门不对称，也没有横贯全城东西的主干道。这种街道格局，决定了济南既具备中国古代城市棋盘方格状的典型特点，同时又有独特之处。

济南城内地形南高北低，多泉水，雨季又多山水，为易于泉水和山水宣泄，济南古城多南北向街道，东西向街道较少且较短。凡是通向城门的街道多为主干道，街道较宽，顺城街较窄。由于济南北郊多水，南面近山，东西往来必穿城而过，深刻影响了城市道路系统。但东西二城门并不相对，无直道相通。西门大街向东延伸至东城墙根，与东门内南侧马道相接，东门大街向西延伸至鹊华桥，过桥就是大明湖。南北二门也不能直接贯通，南门大街和西门大街呈丁字形相交，以西门大街、东门大街和南门大街为全城的主干道。次级道路就是沟通南、西、东三城门的马道以及南北向街道。这几条马道多与街巷相通，形成城内的环形道路。几条连接东、西门大街的南北街巷，由于缺乏统一规划，受建筑物和地形的制约，这些街宽窄不一，走向也不端直，斜街曲巷很多。条街巷中间往往有几次曲折，而且街中有街，巷中有巷，十分复杂。

明清济南是全省的商业中心，城市经济异常活跃，以济南府衙为中心形成繁华的商业区，同时东、西、南三城关均形成商业街市。其中，西关不仅商业最兴盛，店铺林立，而且也是手工业最集中的地区。

清光绪三十年（1904），为了便于交通，明府城新开四门：东北为艮吉门，在北门迤东，南北历山街北头，俗称新北门；东为巽利门，在东门迤南，运署街东头，俗称新东门；西为乾健门，在西门迤北，今大明湖路西头，俗称新西门；西南为坤顺门，在明府城的西南角楼处，在今坤顺门桥东北。这样一来，济南府城一共有八座城门。不过，这八座城门的选址只是为了交通方面，它们的位置仍是不对称。

济南的四门不对，并不是人为的，也不是单一原因造成的，是历史的延续。它既体现了济南的特殊地理环境，也反映了济南千余年的城市演变。

二

济南府城的西门泺源门，其名源于西门外泺水之源的趵突泉。

西门是济南最古老的城门，早在秦汉时期兴建历下古城时这里就是西城门。明府城建成之后，这里依旧是西城门。它由城楼、瓮城、箭楼、马道组成。西门虽然不是济南府城的正门，但却是济南出城的交通要道，地理位置极为重要。济南城南依群山，北有大明湖，从南北方向出城都不便利，西门成为济南出城进京及通外省的必经之地，西门至长清间的孔道也成为济南西去最重要的官道。明代诗人王象春就有"古道朝京踏作河，寒泉无奈热肠何。东门一样垂官柳，只是西门送客多"的诗句。

明建文元年（1399），燕王朱棣在北平起兵叛乱。次年四月，朱棣在济南城外大败李景隆，随之包围济南城，率先攻打的就是西城门。时任山东参政的铁铉密定诈降之计，在城门暗置千斤闸，欲诱杀朱棣。朱棣径自从西门入城受降，铁闸轰然而落。可惜的是，这没能

西门及瓮城航拍（摄于1928年）

结果朱棣的性命，只砸死了朱棣的坐骑。朱棣大怒，重兵围城，用数门大炮轰击城内。眼看撑不住了，铁铉急中生智，将朱元璋的画像悬挂于城头，又书写神主牌位，分置垛口，燕军忌惮，济南城得以保全。后来，燕王朱棣登了大宝，挥军北上复攻济南，铁铉被俘惨死，今大明湖北岸的铁公祠即为纪念铁铉而建。清代，康熙皇帝、乾隆皇帝南巡途经济南，也都曾从西门路过。

西门外曾有两座桥，一座是石质拱桥，名为泺源桥；一座是木质平板桥，名为西门桥。现在合二为一，统称西门桥。

泺源桥，是济南最古老的石桥之一，也是西护城河上最重要的桥梁。泺源桥最初是木桥，每到汛期，南山下来的雨水汇集到城下，木桥常被洪水冲毁，屡毁屡建。宋神宗熙宁六年（1073），七个月没下雨，第二年夏天到六月才下雨，过量的大雨连下几天，桥被完全冲坏了。历城知县施辩向齐州府官建议说："年年桥都被洪水冲毁，建议造一座石桥，来缓解桥毁后重复造桥的劳役之苦。距齐州城的东面十五里的地方，有一座废弃不用的河堤，那里废弃的石铁可以取来造桥。"府官采纳了他的建议，并报告了转运使，申请到了足量的工费。施工进行得非常快，府库直接拿出建材和工具，组织大量民夫去山上采石，并出动了军队出工出力。从九月至十一月，仅用了三个月的时间就建成了一座三孔石桥。时值北宋散文大家苏辙在济南任掌书记，他亲笔写了一篇《齐州泺源石桥记》，记中写道：泺源桥"三跌二门，安如丘陵，惊流循道，不复为虐"。20世纪80年代护城河清淤时，施工人员就曾从今西门桥下挖出过宋代的基石。

泺源桥下还曾建有货运码头。过去，小清河沿线的港口以西门、黄台、羊口最为重要，小清河的船只可溯流至此，搭跳板上岸就可以随时装卸货物。直到20世纪30年代，小清河的船只还可以直达西门。

泺源桥历代曾屡次重修，清道光二十年（1840）重修后改为三孔石桥。1951年，改建为单孔钢筋混凝土拱桥，下部结构为混凝土桥台，木桩混凝土基础。1973年在桥南侧加宽，加宽部分为钢筋混凝土双曲拱，桥面宽度达到24米，成为老城区通往商埠的重要桥梁。

民国初年，曾在西门外建了一座铁艺牌坊，上书"泺源门"三字。1928年，日本军队为了阻止北伐军，派兵进攻济南城，济南城墙遭到日军炮火的严重破坏，其中尤以泺源门、历山门、齐川门受创伤的程度最重。1931年，山东省政府主席韩复榘鉴于财力不足，

西门瓮城（摄于1928年）

无力修复"五三惨案"期间炸毁的各城楼，便拆除泺源门、齐川门、历山门，在城墙上开辟了一条环城马路。车道的起点就在西门北侧，汽车和人力车可以沿斜坡登上城墙。倪锡英在1936年所著《济南》一书中写道："济南城区里，还有一件足以称述的事情，便是城上汽车道，这是各省各地没有的，而独济南有之。在济南内城十二里周围的城头上，辟着一条广阔的汽车道，这汽车道的起点，是在靠西的泺源门口，从平地建着斜坡通到城头上，仿佛一座桥面的坡度一般，到了上面，可以绕城一周，仍旧在泺源门的另一个斜坡上下来。那城上的交通非常有趣，路的宽度可以交行过两部汽车，两旁还留有人行的余地，假使你坐了汽车到济南城头上去溜一趟，那是再开心也没有的事。你可以望见那大明湖，那内城外城的屋脊，都在车轮下面流过，你仿佛坐了飞机一般，在济南的城上兜了一个圈子。"

自古而今，西门外景色优美，环境清幽，景色秀丽，园林荟萃。北魏时，西门外迤北有一片水域，时为古"大明湖"，湖畔有大明寺，水为"净池"，池岸建有用于接待往来官员的"客亭"。北魏著名地理学家郦道元曾有"左右楸桐，负日俯仰，目对鱼鸟，水木明瑟"的赞誉。这片水域在宋代改称"四望湖"，金代始称"五龙潭"。元初时水面缩小，但仍有五龙潭、三娘子湾等大片水域及溪流，潭侧建凝碧宫。明末五龙潭周边曾建有霖雨亭、伊人馆，清代又建有鲛人馆、贤清园、潭西精舍等私家园林建筑。

西城门外过去称为西关，据明末崇祯《历城县志》记载，当时济南的集贸市场绝大多数都集中在西关地区，有粮市、菜市、藕市、柴市等大大小小的市场十余处。西关地理条件优越，水源丰富，航运方便，风景秀丽，很快形成了稠密居民区，明末趵突泉周围住户已达数百家。清乾隆中叶趵突泉周围有20条街巷，达到1 208户，4 738人，是四处城关中最早转化为市区的地方。

西关的重要街道名为估衣市街（曾名为"西门外大街""西关大街"）。今共青团路东段，自西门至普利街一段，就是过去非常著名的估衣市街，它是来往西门的必经之路。因为济南独特的地理因素，四个城门中以西门的地理位置最为重要，所以估衣市街非常繁华，行人车水马龙，不啻北京的前门大街。

济南说到"估衣市街"，就要从"估衣"谈起。所谓"估衣"，就是卖旧衣服。过去卖"估衣"，大多集中在庙会摆摊，后来逐渐集中到西门城门一带设摊，形成了"估衣市"，西门外的大街也因此得名。估衣市街的估衣铺子有很多，诸如人和号、兴源、益长发、德昌等。有一些估衣铺子则分布在西门月城街及西门里，如广庆祥、永顺兴、惠丰号等。估衣铺子里销售的旧衣服，一般都是七八成新，也有没下过水的新衣服，但只要是进了估衣商人手里一律都算旧衣服，太旧的及污损严重的估衣行里不会销售。估衣铺子里销售的衣服款式各异，隔朝接代，材质有皮货、丝绸、棉布等。过去卖估衣是有讲究的，衣服的内衬里都要缝上一个布条，上面用苏州码子写着售价，这是"明码"，精于还价者能还下一半的价格来。有的店铺里标的是"暗码"，即用暗码儿写上最低价，小伙计要懂"暗坎儿"和心算，吆喝出来一套套的，自己往下落价，但最终售价必须比暗码高出一些。估衣行里的讲究是"出门死"，要在店内看好，有残次出门就不认了，

西门大街（摄于清末）

这是行业特殊性所决定的。20世纪20年代以后,随着机械工业对纺织品价格的冲击,估衣市街一带的估衣店日渐稀少。

旧时,西门瓮城里有一座关帝庙,是济南最灵验的关帝庙,香火尤盛。但近代济南,最出名的关帝庙却不是这里,而是估衣市街上的一座小关帝庙。估衣市街关帝庙,又名"集云会馆",是过去济南估衣行会所在地。估衣行会馆修建于嘉庆十八年(1813),由济南估衣业同人集资修建。道光年间扩建时,定名为"集云会馆",取千祥云集之意。集云会馆的大殿供奉着关公,名为"蜜脂殿",殿前的西蜜脂泉是济南七十二名泉之一。每到年节,集云会馆内热闹非凡,估衣同行都会在这里聚餐、祭拜。1869年,就在这座商业味很浓的集云会馆内,还曾秘密关押过慈禧太后身边的大红人、总管大太监安德海。山东巡抚丁宝桢亲自审问,安德海吃断头饭的地方就在这里。

安德海,祖籍直隶青县,10岁入宫,充内廷太监。由于他善于察言观色,办事机敏,迅速成为慈禧太后身边的大红人,备受宠信。然而,安德海恃宠而骄,这为他引来杀身大祸。同治八年(1869),久在宫闱的安德海想出宫游玩并借机敛财,再三请求慈禧太后派他到江南置办龙袍、预备同治帝大婚典礼所用之物,获得慈禧太后许可。然而,《钦定宫中现行则例》中规定:太监级不过四品,非奉差遣,不许擅自出皇城,违者杀无赦。安德海当时只是六品蓝翎太监,在未知会任何官方衙门的情况下,违反祖制、擅出宫禁。安德海违制妄用龙凤旗帜,并携带徽班女戏子马赛花(艺名九岁红,被安德海纳为妻室),一路张扬跋扈。途经山东德州境内时,德州知州赵新发现,这样一只钦差船队过境竟然未接到明降谕旨及部文传知,仆役下船购买物品也未出示传牌勘合,有冒充钦差之嫌,立即将此事上报给了山东巡抚丁宝桢。丁宝桢接报后一面立拟密折,痛陈安德海种种"震骇地方"的不法行径,一面着泰安县知县何毓福逮捕安德海及一干人等。8月2日,安德海在泰安被抓获,与其随从陈玉祥等三人随即被先行押往济南,由丁宝桢亲自审讯。安德海押送到济南后,为了保密起见,就被关押在集云会馆内。不久,丁宝桢接到由军机处寄发的密谕,内称:"该太监擅离远出,并有种种不法情事,若不从严惩办,何以肃宫禁而儆效尤。命丁宝桢迅速派委干员于所属地方将六品蓝翎安姓太监严密查拿，令随从人等指证确实，毋庸审讯即行就地正法，不准任其狡饰。如该太监闻风折回直境，即著曾国藩饬属一体严拿正法。倘有疏纵，惟该督抚是问，其随从人等有迹近匪类者，并著严拿分别惩办，毋庸再行请旨。"8月7日，丁宝桢亲自查验确实后，将安德海就地正法，并暴尸三日。安德海被杀时不过23岁。

安德海死后不到40年，济南开埠，估衣市街变成了经商的风水宝地。不只有估衣行，各式商铺林立，绸布店有双盛、增福厚、矛源恒、经文布店等，皮货店有德发成、德成天等，帽庄有盛锡福帽店、永盛东帽店等，杂货铺诸如聚成永、德兴永、永德利、福聚长等，茶叶铺有泉祥、泰和祥、裕兴成、植灵等，中药铺有泰兴号、永兴号、仙芝堂、德和堂等，饮食行业有北厚记酱园、汇泉饭庄等等，买卖字号鳞次栉比。

西门外的估衣市街是济南第一条铺设沥青的道路。1927年，韩复榘主政山东后，在估衣市街铺设了12米的沥青路面，以及5米的青石人行路，其宽阔与平坦在当时的济南是独一份的。1954年，从城顶街北口向西至西圩子壕上的麟祥桥一段，横穿冉家巷、郝家巷、西券门巷、麟趾巷4条街巷拓建，于1957年竣工。为表彰当时义务参加筑路的青年和共青团员，该段道路被命名为共青团路。8年后街巷调整，与共青团路东段相接的估衣市街被并入，统称共青团路。如今，只有在川流不息的车辆和络绎不绝的行人身上，还能依稀想象到西关当年的繁华。

除了西门，近代济南还有一座新西门。新西门名为乾健门，位于西护城河北段东岸，明湖路西端，辟建于清光绪三十年（1904）。乾健门内北为大明湖，南为小明湖（又称"南湖"，今已消失不见），两湖直接有一道木桥连接，桥名"玉涵桥"。乾健门外为二虹桥，民国时期，桥西是丰年面粉厂，面粉厂以北是山东赈务会。乾健门往北的街道名为启盛街，过去名为七圣街，因街上有一座道教宫观七圣堂而得名。启盛街的北头为角楼庄，该庄因正对府城墙的角楼而得名。

三

南门舜田门是济南最重要的城门，位于现在的舜井街南头、南门大街附近。

这座城门为什么叫舜田门呢？因为这座城门正对着历山，也就是千佛山，而山下就是舜田。清代雍正七年重修的《山东通志·山川志》中记载："历山在城南五里，又名'千佛'山。"又说："舜田，在县南历山下，相传舜耕于历山，即此。"传说，舜耕于历山之下，因此千佛山又名舜耕山，而千佛山下的田地自然而然地被命名为"舜田"了，正对千佛山的南门也就名为舜田门、历山门了。

南门（摄于1928年）

南门于明洪武年间兴建后，又于成化、万历、天启、崇祯年进行过多次重修。南门设有瓮城，内外城墙上均开有宽大的城门。城门上建有城楼，瓮城门上建有箭楼。门内设官厅两座，清末时官厅改为警察分局。登城墙处在南门里东侧的南马道街上，这是一处车马登城的大道。另一处登城的小道，在西侧官厅的后边。因为这座城门是济南府城的正门，所以过去迎接圣旨都是在这座城门下进行。康熙二十三年（1684）十月初八日，康熙帝南巡至济南，自西门入城，登上南门城楼，观看济南胜景。乾隆皇帝东巡至济南时，也曾登上济南府城的南门，巡阅济南府城。清时还有个俗例，在济南东部府县新任职的官员，出了巡抚衙门的大院后，要先向南过天地坛街，又拐经升官街出南门，再绕走司里街东去。

历史上，南城门基本没有被重大战争波及过。明清时代南关街厢日渐繁华，官员巡视，经商往来，加上南去千佛山、趵突泉游览，也是经南门、南门大街这里的。南郊近南山，地势高亢，道路坎坷崎岖，少有水患，具有定居的许多有利条件。南门又是南山木材、薪柴、山货等进城的主要通道，这些都促进了南郊的发展。据记载，到清乾隆中叶，南郊有21街巷，1117户，4851人。

南门外护城河上过去有大小四道桥梁，如今与现在地名能对得上号的是南门桥和新桥。

南门桥是护城河中段的重要桥梁，位于今历下区南门大街北首的南护城河上。南门桥初名舜田桥，明崇祯年间改名历山门桥，民间俗称南门桥。明洪武四年（1371）修建明府城城墙的时候，南门桥只是一座木质吊桥，清末以砖石垒砌桥基。1931年，改修木桥为混凝土平板桥。1962年7月13日，济南市区遭受特大暴雨形成的洪水灾害后，疏浚整修了护城河，同时裁弯取直了南门外凸的河段，旧桥废除。1964年在引直的河道上新建钢筋混凝土板桥一座，桥基为三孔石墩，沥青路面。值得一提的是，护城河中航行的游船宽度，是以南门桥桥墩的宽度为基准的。

今南门桥的西侧为新桥。新桥原在南护城河以南的新桥街上，始建于明天启三年（1623），为拱形小桥。1959年拆除旧桥，在南护城河上又建一木桥，沿用"新桥"一名。1985年改建为钢筋混凝土拱桥。

南门外的护城河南岸有一处有名的泉水，名为鉴泉，是济南七十二名泉之一，金代《名泉碑》、清代《七十二泉记》中均有收录，因泉水"水净沙明，对之若镜"，故名鉴泉。因位于古城南门外，过去也俗称鉴泉为"南门泉子"。原泉池原位于今泉池东南，靠近旧时南门外的东岳庙，所以又名为"岱宗泉"。明崇祯《历城县志》称此泉"池如太极，而水更空明可鉴"，过去一直是附近居民的饮用水源。清乾隆五十三年（1788），泉池被大雨冲损，当地居民徐文举独力重修。旧时，泉池为南北二池，南池5米见方，深2米许，供居民吃水用；北池6米见方，南池的泉水流入北池，专供附近住家浣衣之用。两池间隔数米，下有暗涵相通，泉池西边即为鉴泉碑。南门泉子一直是当地街区的主要供水泉池，其范围包括西边的前、后帝馆、新桥，东和南侧的正觉寺街东头、朝山街、岳庙后街、下洼子街以及更远些的不少街区。早年进出泉池的道路有三条：一是从泉池沿着护城河涯边上西去；二是过护城河上小木桥经西燕窝街北出；三是由泉池向南、上涯至水胡同，现拐经南关大街去往各地，这是最为主要的一条通道。20世纪70年代末，随着地下水位的急速下降，鉴泉干涸被填埋。1982年异地重建泉池于济南美术总厂南院，池长7.6米，宽4.8米，周围建有花坛。1985年，于护城河南岸建"鉴泉园"。1998年建泉城广场时，易地而建的泉池被填埋。2001年，再次易地重建于今址。一座泉池三次迁建，今空有泉池，只作为一个南门外的文化符号存在。

南门箭楼（摄于清末）

南门一带的主要道路是南门里大街、南门月城街、南门外大街。南门里大街，又名南门大街、南门内大街，明崇祯十三年（1640）《历城县志·建置》中称为"南门内大街"，清乾隆三十六年（1771）《历城县志·地域考》载为"南门里大街"。南门里大街南起舜田门，北至院东大街的路口。后来街北段北划为舜井街，街南段名为南门大街，分界线为宽厚所街、舜皇庙街的十字路口，这段街长百余米。南门月城街在南门瓮城内，由南门大门至南门瓮城大门，约百米长。南护城河以南为南门外大街，又叫南关大街，从南门桥向南至正觉寺街十字路口的一段，长百余米。这三段街道，因为是入城的主干道，所以自明代起就一直铺着石板路面。20世纪30年代，先是将"门券扩而大之"，后又拆除了内外城门及瓮城，南门里大街、南门月城街、南门外大街合成了一条街——南门大街。

济南早年有一句顺口溜，是这样讲的："走桥不见桥，流水把桥绕，狮子头上一座庙。"这说的正是南门外的"三大怪"。

这第一怪，"走桥不见桥"，指的是南门外大街南头的正觉寺街路口处的一座桥。清代中后期，这里有一条宣泄东南群山洪水的山水沟，沟上有一座桥身低矮的石拱桥，周围居民管这一带的地名叫作石桥边。民国初年，明沟改为双行的石板暗沟，原来的石桥与路面平齐，就看不到了。但附近居民仍把这里叫作桥，从这里走就叫从桥上过，所以也就有了"走桥不见桥"的说法。

这第二怪，"流水把桥绕"，说的也是一座桥。南门外岳庙前山水沟上有一座石拱桥，桥的两边地势较矮，大部分已在泥土之下，只留下桥中间的桥面和栏杆。大水来时便从桥的两头流过，看上去是"流水把桥绕"。

这第三怪，"狮子头上一座庙"，说的是南门外大街两家店铺间的一座神龛。清康熙五年（1660），原住于泺口附近的黄干村李润荥迁来南门外开了间"千芝堂药店"，门前挂着一块牛胯骨作招牌，专售独家秘制的"九转保坤丹"。千芝堂门头与其毗邻的店铺间有条不足二尺宽的夹道，常有人于此小便，就用一个废弃的石狮子堵在了道口。后来，两家店铺又用砖在夹道入口砌了一道墙，便把石狮子砌在墙里，只能看见狮子的前脸。石狮子上部的墙面上，装了一个土地爷的神龛。远处看去，就仿佛石狮子顶着一座小庙似的，这就是人们所说的"狮子头上一座庙"。

济南解放初期，南门里大街上曾发生过一件广为人知抓捕盗匪燕子李三的往事。燕子李三，本名李圣武，山东禹城李家庄人，因排行老三，俗称"李三"，又假冒清末民初北京义盗李鸿（老燕子李三）之名，自称"燕子李三"。早年随父至东北学练拳脚武术，爬杆登房，以盗为业。21岁起流窜关内各地，在济南杀人抢劫，作案累累。1943年在天桥附近被抓获，出狱后仍从事抢劫。1948年于济南再次被捕，被判处25年徒刑。同年，济南战役开始，监狱无人看守，刚好有两发炮弹落入狱中，李三与其他囚犯一起乘乱逃出监狱。济南解放后，李三抢劫了庆丰、老凤祥金店及芙蓉街一富商住宅，并枪杀事主。1949年1月6日，李三在南门里大街北头路东的木匠铺内被抓获，他下台阶时假装滑倒，趁乱拔枪射击，枪响后百姓纷纷乱跑，李三于混乱中跑掉。同年1月15日，公安人员又在南门里路西的元顺油粮栈内将李三抓获，在押解途经普利门郝家巷口时，恰遇一欢庆春节的锣鼓秧歌队，李三趁人群拥挤之际，抄出隐

南护城河

藏于身的手枪，鸣枪拒解逃跑。当年6月，李三又在徐州被捕，旋即押回济南关押，经审判，于10月27日绑赴刑场枪决。

在南门外，紧靠城墙、南傍城河的位置还有两条高低不平、弯曲狭窄的老街，一东一西，因外凸的南门瓮城与城墙形成的弓形弯曲形似燕窝，故分别命名为"东燕窝街"和"西燕窝街"。刘鹗在《老残游记》第三回中，对西、东燕窝街河对岸旧时景致做了生动记述："老残出了金泉书院，顺着西城南行。过了城角，仍是一条街市。一直向东，这南门城外好大一条城河，河里泉水湛清，看得河底明明白白。河里的水草都有一丈多长，被那河水流得摇摇摆摆，煞是好看。"这东、西燕窝街是只有三四米宽的狭窄街道，只有街南侧一边靠河住着几户人家。20世纪30年代，东燕窝街上只有胜绍酿酒公司及3户人家。街西头是范氏花园，街东头是一户郭姓人家的花园。郭氏花园内有九女泉，院东墙外河边是白石泉，泉边曾建有茶室，人们常在此赏泉、品茗、荡舟、

南护城河中的玛瑙泉及龙王庙（摄于清末）

观鹭、垂钓，河对面便是黑虎泉。西燕窝街商户较多，散布着茂盛永、源盛永、源顺、复兴号、东振兴等生皮行及染坊，生产废水全部排入河中。西燕窝街上曾住过中国共产党早期负责人瞿秋白之父、国画家瞿圆初，瞿圆初晚年即病逝于此。1920年瞿秋白赴俄之前，曾来济探望其父，1923年再次秘密来济探望。后来他曾在一篇文章中记述了来济探望及与父亲话别的情况，为泉城留下了一段佳话。

自南门往西，城墙内侧是升官街，再往西为南城根街。南城根街的东头路北，有南城根小学。南城根小学曾为省立第一师范附属小学，1964年学校改名为黑虎泉西路小学。1912~1919年间，著名教育家王祝晨曾出任校长，国学大师季羡林先曾于1917年在此学校就读。过去，街上还有一个成立于清光绪二十年（1894）前后的戏曲社"庆乐班"，曾在鹊华居、大舞台、上舞台、咏仙茶园等处演出京剧，大约存续了40年的时间。

四

济南府城的北门汇波门，古时也写作"会波门"，是济南明代府城唯一尚存的一座城门。门位于大明湖北岸，藕神祠迤北，门下为大明湖的出水口，湖水通过水门流入北护城河。汇波门是一座水门，行人无法通行。

汇波门初名"北水门"，最早出现于西晋永嘉年间。那时还没有如今的大明湖水域，发源于城内舜泉的历水由此出郭，只是郭墙上的一个豁子。北门外是泺水及鹊山湖，可乘船通过北门，由泺水去往鹊山湖。鹊山湖最早称为"莲子湖",唐段成式《酉阳杂俎》卷十一记载:"历城北二里有莲子湖,周环二十里,湖中多莲花,红绿间明,乍疑濯锦。又渔船掩映,罾罟疏布,远望之者,若蛛网浮杯也。"李白在《陪从祖济南太守泛鹊山湖》诗中有过这样的记载:"水入北湖去,舟从南浦回。遥看鹊山转,却似送人来。"鹊山湖行舟,北去南归,景随船变,处处景美,恍惚间,连远处的鹊山也似有了友人般的亲情温馨——如此鹊山湖,怎不让人流连呢?诗中的"北湖"就是鹊山湖,"南浦"即指大明湖的前身历水陂。

宋熙宁年间,曾巩曾重建北水门,并对水门的结构进行了重新设计——水门终于装上"门"了。曾巩曾撰写过一篇《齐州北水门记》,该文开头即开门见山地道出了筑建北水门的缘由:"济南多甘泉,名闻者以十数。其酾而为渠,布道路民庐官舍,无所不至,濊濊分流,如深山长谷之间;其汇而为渠,环城之西北,故北城之下疏为门以泄之。若岁水溢,城之外流潦暴集,则常取荆苇为蔽,纳土于门,以防外水之入,既弗坚完,又劳且费。"彼时,北水门是济南城内唯一的一处排水口,当大雨倾盆时,流经城外的山洪就会从水门处倒灌入城内。曾巩改造了原城门出水口的结构:"至是,始以库钱买石,僦民为工,因其故门,累石为两崖,其深八十尺,广三十尺,中置石楗,析为二门,扉皆用木,视水之高下而闭纵之。于是内外之水,禁障宣通,皆得其节,又无后虞,劳费以息。"他在水道出城处修建了石质堤岸,增置了可随时关闭的水门,一旦暴雨骤降,可随时封堵水道,有效阻止了洪水回灌进城。自此,大明湖才出现了被世人称道的"久旱不枯,淫雨不涨"的

北水门及汇波楼(摄于清末)

奇特水文景观。

　　北水门的这次改建,不仅解决了曾巩主政齐州时的水患,更彻底解决了城外洪水倒灌的问题,惠及千年。清道光六年(1826)山东布政使刘斯湄在《曾巩祠碑记》中就曾写道:"至今民赖以安,永除水患。"

　　北水门的门有了,但建成后的很长一段时间内并无城楼。直到元朝初年,才始建汇波楼于城门之上。至元二十五年(1288),都转运使曾扩建重修。泰定元年(1324),秋雨连绵,城楼遭到破坏,司宪(监察机关)监郡长官拨款重修,面阔七间,上下二层,翼角悬山,脊饰吻兽,风铃扬韵。四周白杨簇拥,如众星捧月。楼建成后,散曲大家张养浩为之作记曰:"盖济南形胜,惟登兹楼,可得其全焉。"此后,他常与友人登临汇波门,并以"汇波楼"为题创作了多首诗词,其中一首《殿前欢·登汇波楼》是这样说的:

　　四围山,汇波楼上倚阑干。大明湖铺翠描金间,华鹊中间。爱江心六月寒。荷花绽,十里香风散。被沙头啼鸟,唤醒这梦里微官。

　　汇波楼峭拔高耸,自建成之时即为济南一景,登楼远眺,南可观大明湖及历山,北可见"齐烟九点"等景观。

　　明洪武年间,济南加固原有土城,墙体包以砖石,共设东、西、南、北四座城门,北门则因汇波楼而被称之为"汇波"。清代,乾隆皇帝来济南时就曾登上过汇波楼,观看济南城北的鹊华景色,并留诗一首,诗云:"雉堞环楼倚势高,登临纵目兴添豪。一湖止水清无滓,四野来牟绿上皋。僻倪经营思国计,桔槔耕作念民劳。春云消息看来

自南向北看北水门、汇波楼及汇波桥(摄于清末)

好，满拟苍龙驾海涛。"清乾隆末年，金石文学家阮元任山东学政时题写"鹊华秋色"匾额悬挂于楼上。另有颜额："河山一览"。明清时期的汇波楼，为木构重檐歇山顶城楼建筑，正脊是琉璃花脊，杂色琉璃瓦覆面。正脊两端的吻兽为龙尾，其尾部卷起向外高起。楼底层面阔七间，加上廊子进深有五间。底层四周设柱廊，外围柱列由中心到四个角柱逐渐加高，有明显的"升起"。檐下斗拱每间两朵，比较疏朗。明间和次间为木隔扇门窗梢间是砖包柱实墙，白灰抹面。门楼的城墙台基上砖下石，东侧设有车马坡道，是登城之路。

民国后期，汇波楼坍塌。20世纪50年代，济南古城墙被渐次拆除，汇波门被改建成一座类似拱桥的建筑。1981年，由周培正参照原样设计，重建了汇波门及汇波楼。重建的汇波楼，除删去了底层的斗拱外，基本上仿照旧制，原残剩的城墙全部改为石砌，圆拱形水门外包了石拱券，但其内部拱券仍是原物。

汇波门的南面有一座小桥，名为"汇波桥"，是大明湖北岸东西交通必经之路，大明湖的湖水先经汇波桥，再经汇波门流出城外。据传，汇波桥是曾巩于宋熙宁五年（1072）所建，建桥的目的是"以济往来行人，使无阻碍。"汇波桥原是一座石拱桥，20世纪50年代原桥毁坏，重建时将拱形桥改成为水泥平板桥。

提到北水门，就不能不说济南八景之一的"汇波晚照"了。济南八景也称"历城八景"，包括锦屏春晓、趵突腾空、佛山赏菊、鹊华烟雨、汇波晚照、明湖泛舟、白云雪霁、历下秋风。最早文字记载见于明崇祯六年（1633）《历乘》："昔人标为八景，而沧桑代变，湮没者多。"八景之说在明代时就已存在多年。

明代，珍珠、濯缨、芙蓉等泉汇波于大明湖，然后由湖东北隅的晏公庙下经北水门泄出，最后注入小清河。刘敕在《历乘》卷五《建置考》"晏公庙"条下曾说："晏公台，北门内，庙建台上，水由下行，今券塞，不复睹'汇波晚照'矣。"由是可知，"汇波晚照"最初是指大明湖水汇流至湖东北隅，从晏公台下的券门穿过，折至汇波桥、汇波门出城，每当夕阳西下，夕阳余晖由券门斜映入水，湖水粼粼，浮光耀金，随波荡漾，故名。后来，晏公台券门堵塞，湖水直接经汇波桥出北水门，晚照倒影只能出现在当时的汇波桥下了。后人看到的"汇波晚照"一景，大都是登临北门城楼所见。清康熙年间周绳所写《历城名胜诗钞·历城八景》"会波晚照"条下写道：站在会波楼上，"每当斜阳返照，湖光潋滟，树影玲珑，且佛山之气遥接眉目，故学人多游于此焉。"傍晚，夕阳斜射到汇波门正对着的湖面中，发出柔和的光，把周围染上了一层橘红的颜色。汇波楼自建成之后，就一直是济南城内登高望远的重要景点。

五

东门齐川门，是济南府城落位最晚的城门，随着城市的发展，一直到明代才在这个位置开始修建城门。东门之所以名为"齐川"，是因为城外水流汇聚在东门转向东北方汇入小清河，小清河贯穿齐国旧地，所以就有了"齐川门"这个称呼。

西门、南门、东门都有瓮城，唯独东门瓮城外还有一道卡子门，行人车辆往来不便。道光十一年（1831），巡抚讷尔经额命人将瓮城外的小门拆去，并将门券扩大，以利通行。老东门外的道路，过去是济南通往章丘、淄博、青岛等地的必经之路，西来东去的人们都要从这条街上走

东门瓮城城墙（摄于清末）

过,街道上整日熙熙攘攘,商业较为繁荣,逐渐形成了东门月城街、东门里街。即便如此,东关一带受地理环境的制约,相对于西门、东门关厢,发展仍然较为缓慢。

东门以里的主干道名为东门大街,清乾隆年间曾称东门里街,后来又称东门里大街。20世纪30年代,东门月城街和东门里大街曾合称东门瓮城街。东门大街的位置,东边从东门以西,西边到现南北历山街、按察司街的南、北口以东。20世纪50年代,在街东曾建有济南较早的文德机器铁工厂,街上路南有一洞天照相馆、稻香村糕点店,街上还有毛笔作坊、中药店、绱鞋铺、百货店、理发店、车辆修理店。在街中东段路北还曾有一家油旋店,所制油旋做工精细很受顾客欢迎。1925年12月4日中午,东门大街上曾发生过一场大火灾,据说,"由于消防队救火不及时及扑灭不力,大火烧至晚7时方才熄灭,遭难者57家,损失在20万元以上"。

济南府城的东城门于1933年拆除,但城门外的东门桥未动。1965年,城门外的护城河裁弯取直,向西移了约20米,桥也随移,并将木桥改建为比原桥宽四倍的三孔钢筋混凝土桥。

东门桥迤北,护城河的东岸,过去名为"莪雅坊"。这里水域宽阔舒缓,曾建有放养水禽的鹅鸭房,故最初曾名为"鹅鸭房",后取谐音易名为"莪雅坊"。鹅鸭房街上原有

东门城楼(摄于1928年)

一座关帝庙，清末庙内曾设有私塾。光绪三十四年（1908），秀才贾乃宽、量月峰将关帝庙内的私塾改制为初等小学堂。这所小学曾多次更名，后命名为莪雅坊小学。1923年，学校在沿河的东城墙下修建了一排教室，并于护城河上架起木桥，使这座学校也有了鲜明的水乡特色。莪雅坊小学风光旖旎，校内有大片藕塘、稻田，夏日绿荷红莲，秋天稻香阵阵。当时来济视察的督学、督察不约而同地在视察报告上书之："河水缭绕，长桥临波，天然美景，尤不易得"，或曰："河内芰荷，岸边杨柳，怡情悦目"。如今，朗朗的读书声早已渐去渐远，取而代之的是游客们的轻声细语和孩子们的欢笑声。不变的是这里的秀丽景色。

东门桥以南，护城河东岸沿河街道名为东青龙街。青龙，源于上古星宿崇拜。我国古代把天空里的恒星划分成为"三垣"和"四象"七大星区，三垣环绕着北极星呈三角状排列，四象分布在三垣外围，分别是"东苍龙、西白虎、南朱雀、北玄武"。也就是说，东方的星象如一条龙，加之五行观中认为东方主青色，故有"青龙"之说。这段护城河位于济南古城的东侧，所以沿河的街巷便被命名为"青龙街"。20世纪30年代，为区别于趵突泉街以西的另一条青龙街，又更名为"东青龙街"。东青龙街地势高敞，旧时路面用青石板铺砌而成，沿街两侧都是济南地域特色明显的民居建筑。青龙街北段至东关大街，清末曾有"香客市"，每年春季沿街摆摊出售杂货、土产，热闹非凡。

济南人习惯上称齐川门为"老东门"。清光绪三年（1877），为方便交通，市政当局于济南城墙上增辟四门，东护城河响闸以南为巽利门。因为这处城门也是济南古城的东门，出现时间比齐川门晚很多，所以俗称为"新东门"。

护城河的地势高低不等，为了保持护城河内的水位，就需要修建闸门，逐级提高水深。昔日，护城河与小清河之间有听水闸、利田闸、护城闸等十几道闸门，既有防汛排涝的功能，又有城防作用。响闸因水声而名，是护城河的第一道闸。响闸的历史非常悠久，据明代《历乘》记载，护城河"独有南方高亢，则以二闸蓄焉，真高城深渫足称金汤者。"为了保持南护城河的水位，过去有两处响闸，一处在"城西南隅，蓄马跑泉之水"，一处在"城东南隅，所以蓄黑虎诸泉之水"，东城河处的响闸最为著名。

新东门外响闸处的河宽有12米，河中树立石楗，插木为闸，调节水位，上下水位差1.4米，蓄泄兼筹。明代，德王封藩济南，王府中的官宦利用东响闸的水位差，在护城河东岸建起了水力磨坊，碾米磨面，独享其利。清光绪年间，新东门外建起一座单孔石拱桥（后扩为三孔），桥东名为响闸街。光绪十七年（1891），基督教美国北长老会在此买地，开始建教堂、兴医院、办学校，响闸街遂改名为华美街。

1929年5月，水利专家、黄河专家张含英提出了引黄灌溉和发展省内水电的建议，并在响闸处修建一座小型示范性水电站。响闸水电站又被称之为新东门桥电灯房，利用坝上、坝下的水位差和每秒1.4立方米的河水流量发电，发电量10千瓦，是山东第一座水力发电站。响闸水电站产出的电力西供响闸附近的建设厅（运署街按察司，现为泉城中学）、教育厅（按察司街，后迁贡院墙根街）等单位照明；东供教会建筑用电。为了送电，当时还在翰美女中的西南角修建了一座配电室。据1934年《济南大观》记载："历水、泺水之流域，即小清河之上源，沿河附近居民多数通

东护城河（摄于1930年前后）

渠种植园艺，藉资灌溉，颇行便利。建设厅为试验水源，特在新东门外旧名水磨原址建设水电厂。今之建设厅内所用之电灯即由此水电厂所供给。该厅以实验成绩良好，拟将水电厂办法推行沿河县镇，以节靡费而畅水源。"20世纪30年代初，响闸水电站改称第一水电厂。

1937年日军侵占济南后，水电厂被毁，复又改为磨坊，代人加工粮食和农副产品。20世纪50年代，济南城墙拆除，巽利门桥改建为三孔混凝土平桥，磨坊消失，响闸依旧保留。20世纪60年代，华美街改为兴华街，巽利门桥又被称为兴华门桥。2009年末，为了护城河通航需要，市政府重建新东门桥。2010年在对东护城河进行改建时，将响闸向下游移位，新建成了一处船闸。

新东门再往南，过去是济南古城区的东南角（今解放阁处），城墙上曾建有高大的魁星楼，是古时济南城的制高点。

JINAN 济南故事

第三章

三山不显

"三山不显出高官",这一民谚说的是济南古地理的特殊之处。"三山不显"是说城内有三座不显露山体的小山。

清人濮文暹《华不注山》诗有云:"我闻济水南,沧桑变未休。历山久无顶,耕者沉铁牛。"又注曰:"历山、铁牛山久埋入地,今成市衢而存其名曰历山顶、铁牛顶云云。"民谚所说的"三山不显"即历山、灰山、铁牛山,传言这三座山湮没于地下,只露出了山顶,所以称"三山不显"。民间又传济南城有渤海的海眼,常有海水喷薄而出,得大舜以三山镇之。

一

"三山不显"这种景观并不少见,国内很多古城都有关于"三山不显"的记载。如福州城的"三山现,三山藏,还有三山看不见";潍坊城的"三山不见,九湾不显";开封城的"三山不显,五门不照";辽阳城的"三山不显,四水不流";保定城的"三山不显,四水不流,七十二座暗桥";蓬莱城的"三山不显,七桥不露";禹州城的"三山不显出天官";牟平城的"三山不显";易县城的"三山不显,四水不流,四桥无人走";曲周老城的"三山不见,四海不干"等等。这其中,大多数都是将城内高坡称为"山",再去找一块大石指为峰。

三神山,神话传说中东海仙人所居之山。中国神仙思想大致产生于周末,盛行于战国。战国时,民间已广泛流传着许多有关神仙和神仙境界的传说,其中以东海仙山和昆仑山最为神奇,流传最广,成为我国两大神话系统的渊源。传说海上原有五山:岱屿、员峤、方壶、瀛洲、蓬莱。《列子·汤问》:"其山高下周旋三万里,其顶平处九千里,山之中间相去七万里,以为邻居焉。其上台观皆金玉,其上禽兽皆纯缟。珠玕之树节丛生,华实皆有滋味,食之皆不老不死。所居之人皆仙圣之种,一日一夕飞相往来者,不可胜数。而五山之根无所连箸,常随潮波上下往返。"最后二山飘去不知踪迹,只剩下方壶(方丈)、瀛洲、蓬莱三山了。《史记·秦始皇本纪》:"齐人徐市等上书,言海中有三神山,名曰蓬莱、方丈、瀛洲,仙人居之。"秦皇汉武等古代帝王,多曾到东海三山开始寻仙活动。"三山"之地一直是人们心目中的风水吉壤。

"三山"又常与"九烟"连用。唐朝诗人李贺《梦天》一诗就有这样的句子:

老兔寒蟾泣天色,去楼半开壁斜白。

玉轮轧露湿团光,鸾佩相逢桂香陌。

黄尘清水三山下,更变千年如走马。

遥望齐州九点烟,一泓海水杯中泻。

《尚书·禹贡》言中国有九州,李贺这两句诗说在月宫俯瞰中国,九州小得就像九个模糊的小点,而大海小得就像一杯水。俯视三座神山之下茫茫沧海桑田,世间千年变幻无常犹如急奔骏马。遥望中国九州宛然九点烟尘浮动,那一片海水清浅像是从杯中倾泻。清代黄遵宪《海行杂感》诗中也有类似的说法:"九点烟微三岛小,人间世要纵婆娑。"

巧的是,济南不止有"三山",还有"齐烟九点"。在明府城北郊平原上,参差错落散布着九座孤山,被称之为"齐烟九点"。"齐烟"即源自唐代诗人李贺《梦天》中的名句。"九点"所指,古今不同。清朝郝植恭在《游山

华山

明府城片区

记》中曰:"自鹊华而外,如历山、鲍山、崛山、粟山、药山、标山、匡山之属,蜿蜒起伏如儿孙环列,所谓'齐州九点烟'也"。"九"并非确数,泛指山多。今一般是指自千佛山"齐烟九点"坊处北望所见到的华山、鹊山、匡山、药山、卧牛山、标山、凤凰山、北马鞍山、粟山九座孤立的山头。

  金代以前,大明湖北是为一片水泽,名为莲子湖。这片水域曾一直延伸到鹊山脚下,广袤的湖水将城北的几座小山连为一体,构成一幅完整的图画。金朝初年,刘豫开凿小清河,将湖水引走,这里变为一片湿地,景色更加醉人,元人赵孟頫《鹊华秋色》图中所描绘的就是这几座山之间的自然景观。元好问在《题解飞卿山水卷》一诗中也写道:"平生鱼鸟最相亲,梦寐烟霞卜四邻。羡煞济南山水好,几时真作卷中人。"过去,站在千佛山上向北远眺,城郭的北面是星罗棋布的藕池、水塘,再往北是缥缈的暮霭,岚烟中有数点青黛出露,这便是齐烟九点。九山山势各异,又以鹊山、华山为东西视觉中心。再往远处观看，黄河如带，连接鹊、华二山，气象万千。

城外的"九山"纵使再小，也是看得见的。而城内的"三山"则是看不到的。过去，人们看"齐烟九点"要站在千佛山去看。而看"三山不显"，则只能一头扎进明府城的老街巷里，一点一点寻找它的印记。

"三山不显"所指的山，只有走到近前才能看到，这就是"不显"二字的含义。济南的"三山不显"是何原因？这涉及古地理，人们只从那三块石头上找原因，是猜不出子丑寅卯的。

所谓"三山"，并非单就孤石而言，而是以孤石为中心的一片高埠。就如同济南城顶、后坡街、南岗子这样的地名一样，这里所谓三座山最早其实就是三座高出地面的土坡，是地名。《说文解字》曰："山，土有石而高。"《国语·周语》云："山，土之聚也。"中古及先秦乃时代对山的定义并未特指高耸的石质山峰，凡高出地面的皆可称之为山。秦汉构筑历下古城时，这三座高坡位于历下古城之外，称野外高坡为山并不奇怪。随着城市扩大，易郭为城，

明府城老街巷

千佛山也被称为历山（摄于1930年）

这三个被称为山的高坡被圈在城内，人们在上面构筑房屋，逐渐演化为有山名而人不知其处的尴尬状况。但这"三山"的位置至今地势仍然很高，"三山不显"是有迹可循的。

这里说的历山，并不是指千佛山，而是运署街街上一块被称为历山的石头，传说是古历山露出来的山顶。唐代，还曾将舜井附近的孤石称为历山。济南府城的东南角自古就是一个高埠，这一整片区域都属于古历山的范畴，一直是济南府城内地势最高之处。

铁牛山俗称"铁牛"，不过是一块孤铁，长约五尺，高二尺有奇，略呈卧牛状。《山东通志》载："平地涌出一铁牛，挖之愈深则牛亦随深而隐，填之则仍出上面，故名铁牛山，而实非山也。"铁牛最初在府学玉带河西南，后被埋入地下，2001年10月在庠门里街12号发掘出土，现存府学文庙。铁牛山附近，地势高广，最明显的例证就是建于宋熙宁年间（1068~1077）的济南府学文庙，宋代大明湖是一个洪泛区，仍在大明湖南岸大兴土木，足以说明此处地势相对高敞。

灰山，也是高不及一米的孤石，原在济南大明湖南岸的汇泉寺街，曾被砌在民居墙下，大明湖扩建后，移至百花桥西灰山亭东北侧水域内。灰山一带地势较高，是宋代的百花堤南端起点。

明府城里的这三座山平面位置构成一个三角形，中心就是过去的历城县衙，似乎就是对"三山不显出高官"的印证。然而，济南走出去的高官不多，有的只是三座看不见的山，与种种耳熟能详的市井传闻。

二

历山是"三山"中名声最盛的一座，因为"历下"就是因此而得名的。

近世所见到的历山，并不是指千佛山，而是历山顶街一块被称为"历山"的石头，其高不及1米，传说是古历山露出来的山顶，连带着那条街也被称为历山顶街。严薇青先生的《济南掌故》："这里说的历山，并非俗名千佛山的历山，而是在旧济南城内东南角，现在历下区历山顶街中间路东的居民院内……崔姓居住的东屋里，冲大门大方桌底下，有一口井，搬开桌子才能看得见。井里水很浅，就在井下水面上露出一座不到一米的小山头，那就是历山"。1976年济南冶金局修建宿舍楼，历山石被埋于地下。

但，这并不是"三山不显"中真正的历山。

历山顶街北侧，是南北走向的按察司街。顺着按察司街往北走不多远，街东有一条东西向的街巷，名为运署街。运署街西端路南过去有一块大石，在清代中期以前，这块石头被称为历山。历山所在的运署街，连带今按察司街在明代名为"历山顶街"。明成化二十一年（1485）潘祯《新建山东按察司分司碑记》记载："泰山东蟠沧海，北断耸为灵岩诸峰，又北行起为历山，古舜耕之地，今为济南城，而山东按察司正居其上。"按察司正居历山之上。清初，历山顶街北段被改名为按察司街，南段仍名为历山顶街。清末民初，位于运署街的历山石逐渐被人忘却，民间才开始称历山顶街附近的一块礓石为"历山"。

以正宗而言，运署街上的大石才是真正的历山。

但这不是济南唯一一块被称为历山的石头。

自此往西至舜井街有舜井、舜祠，唐代时则认为舜井旁的孤石才是历山。唐封演《封氏闻见记·卷八》载："齐州城东有孤石，平地耸出，俗谓之历山。以北有泉，号舜井。"唐代俗称的历山显然是在舜井的南面，也被称为历山，而不是在历山顶街。两块不同时代

明代《历代古人像赞》中的舜帝形象

原名"历山顶街"的按察司街（摄于20世纪60年代）

的大石都被称为历山，来由是一样的，都是古历山的遗石。济南府城的东南角就是一个高埠，这一整片区域都属于古历山的范畴，一直是济南府城内地势最高之处。

明府城内的这座历山在文献上出现的时间较晚，附近舜井也出现在城南山下的舜井之后。晋代之后、宋代以前，历城是一个双子城的格局，两座小城东西对峙，两座城之间有历水相隔。西边的城邑为历下古城，筑城年代不晚于秦，相当于明清府城西南部分。东边的城邑为东城，又称子城，约建于晋永嘉年间，相当于明清府城的东南部分，历山就在东城内。

历山其实并不仅是一块石头，它是一整片高埠，一个舒缓的土山。运署街及历山顶街的历山石质地为砾岩或石灰岩，古人提到它的时候描述为"疆枯石"，那是一种表面发黄的石头，是地层形成之后在土层中埋藏的。所以运署街的历山石很可能不是东历山的高点，它不过是埋在土山下的一块石头，随着土层减少才显露出来的。自此往东、往南都是砾岩与土层混杂的地质，古历山高点的位置，于此并往东一直到十亩园一带都有可能。所以，历山这片高埠面积能达到一百亩，中古时期的"子城"正建筑在历山的西坡上。

关于历山的记载，最早见于唐封演《封氏闻见记》，同时期的《酉阳杂俎·卷十四》也有记载："齐郡接历山上有古铁锁，大如人臂，绕其峰再浃。相传本海中山，山神好移，故海神锁之。挽锁断，飞来于此矣。"所言"古铁锁，大如人臂，绕其峰再浃""飞来于此矣"等语，并不是舜迹所附加的故事，应是就不大的"历山孤石"而言的。

但唐代的"历山孤石"并非后世运署街的"历山石"。《封氏闻见记·卷八》云："齐州城东有孤石，平地耸出，俗谓之历山。以北有泉，号舜井。东隔小街，又有石井，汲之不绝，云是舜东家之井。"可见，唐代的"历山孤石"在舜井以南,后来出现的"历山石"在舜井以东,并非同一块石头。"历山孤石"位于历山山脚,应该是唐之前建郭城取土显露出来的,运署街的历山石则是后来显露出来的,因地势高被俗称为历山顶。两块相距

历山附近出露于地面的特殊石质

较远的石头不同历史时期都被称为历山,正说明这一大片区域的地名就叫历山,是一直延续的。

关于明府城内的这座历山,自古以来大部分人都认为这不是一座山,因为太矮、太小了,无法与城外同名为历山的千佛山相比。《淮南子·原道训》"昔舜耕于历山"句下东汉高诱注曰:"历山在沇阴成阳也,一曰济南历城山也。"汉济阴郡成阳县,即今鄄城县。关于成阳历山,《水经注》云:"雷泽西南十里许小山,孤立峻上,婷婷杰峙,谓之历山。"无独有偶,鄄城那座历山也是一处不高的土山,元代之后因黄河泛滥而消失不见。由此可见,因明府城内的这座历山矮小,而不将其视为"山"是没有道理的。

那么,明府城内的这座历山有多高呢?运署街一带地势较高,现代地面平均海拔为36米,除去历山石上面堆积的土层,历山石要略高于历下故城的现代地面。历下古城范围内的宋代文化层要下挖5米,那么秦代地面还要更低一些,则历山石最少要比历下故城高5米。历山石在没有从土层显露出的时候,其上肯定还有很厚的土层,我们可以推测在历下城建筑时,东历山至少要高出地面10米,与历下古城的城墙等高是没有问题的,城命名为"历下"是顺理成

章的事。

确定东历山为"三山不显"中的历山,还有两个重要的证据,那就是《水经注》里提到的历水与历祠。北魏《水经注》记载:"(历)水上承东城历祠下泉,泉源竞发。其水北流,迳(经)历城东,又北,引水为流杯池……分为二水:右水北出,左水西迳历城北。西北为陂,谓之历水,与泺水会。"根据古代地名的命名方式,很显然有"历水"必然有历山,历水因山得名,如同历下城由历山得名一样。历水源自东城"历祠下泉",位置正是历山之下,所以称之为"历水"。"历祠"则是一项被人忽视的证据,绝大多数学者认为历祠就是舜祠,将其解读为"舜祠"的别名。事实并非如此。查大部分可检索的古代文献,没有一处祀舜的场所被称为"历祠",也没有一处祀舜祠庙的使用"历"这个称呼,"历祠就是舜祠"目前尚无任何依据的。

明府城老街巷

那"历祠"究竟为何呢?历祠,就是济南最早的城隍庙或官方祭祀社神的地方。南北朝时城隍各地皆有兴建,但未形成统一规制,往往不会直称"城隍庙",故以"历祠"为名。关于历祠的"祠"字,《水经注疏》云:"朱祠作祀,戴同。《笺》曰:'李云祀疑作祠,赵改祠。'"可见《水经注》早期版本作"历祀",而不是"历祠"。《礼记》有云:

"过墓则式,过祀则下。"说明"祀"字不仅是动词,而且还可以当名词用。唐玄应《一切经音义》云:"祀,地祭也。"若《水经注》原文真是"历祀",则必为祭祀历城社神之所。其实不论是"历祠"还是"历祀",都可推论为祭祀城隍或社神的处所,而不是"舜祠"。在历城县的治所、历水源头、历山脚下,有一所名为"历"的祠,来祭祀城隍或社神是很自然的事。

舜庙大殿(摄于1962年)

明府城这座历山的消失,就如同大明湖的出现一样,是人类筑城与自然水流共同作用的结果。历山基础是砾岩与黏土,其地势相对历下古城更高旷,所以泥土堆积并不严重,反而地面会随雨水的冲刷及人类筑城取土等活动越来越低,直到基岩裸露出来为止。而历下古城建筑在历山与西关高埠、历水与泺水之间,城东、城西的历水、泺水行洪,加之人类长期在此居住,导致历下古城地面抬升速度较快。两两相较,本来就不高的历山逐渐消失,在几近平地后淡出人们的视野。但这座历山作为地名,却一直沿用至今。

三

"三山"中以铁牛山为最奇。

《续修历城县志》载:"府学启圣祠前玉带河西南,有石陷入地中,黝黑而光泽,如卧牛状而微露其脊,俗呼铁牛。""三山"中的历山、灰山都是岩石,只有铁牛山质地非铁非石,似人工所为,又仿若自然天成。更有甚者,有人说它是天外飞来的陨石。

关于铁牛的记载,最早见于明王象春所作《铁牛》诗,诗云:"铁牛镇水深藏处,还似石鲸晚啸风,月下依稀头角出,时将黑犊饮池中。"诗有注,曰:"(铁牛)在府学大门内,犹微露其脊,盖建城之镇也。《后汉书·郡国志》云'历城有铁'即此,又谓夜中或见其出入为神物云,夫铁石至蠢,人每借形取义,通灵有实功。人为至灵,乃或推爵食禄,而不能捍大灾御大患,黔驴之技,庞然大物耳。岂但不如牛,并不如铁牛。"董芸在清乾隆年间也曾作《铁牛》诗一首,诗云:"铁牛原是铁精英,欲借神鞭叱尔行。好伴劝农贤大尹,年年努力事春耕。"诗有记,曰:"府学启圣祠前玉带河西南,有石陷入地中,黝黑而光泽,如卧牛状,而微露其脊,俗呼铁牛。按《后汉书·郡国志》东平陵、历城皆产铁。此与灵岩寺铁袈裟盖同为铁之精美发见于地上者。《齐音》以为建城之镇,又谓夜中或见其出入,疑为神物,皆附会不足信。"

那么,铁牛山究竟是一个什么物件呢?

明代王象春认为铁牛是前人所铸的镇城神物,这应当是明代民间的普遍说法。铁牛的位置虽在明代府城内,却在秦汉所建历下古城之外,且历史上鲜有铁牛镇城的惯例,所以镇物一说不足为信。明崇祯《历乘》载:"府庠大门内,有一铁在地中,如牛状,俗传为铁牛山,古人于临水处多以铁镇之此处。"铁牛位于府学启圣祠前玉带河畔,据此又被认为作古人铸造的镇水之物。清代范坰所作《铁牛山》诗,有注曰:"铁牛山在庠门内,伏地中,仅露其脊,非铁非石,宛然牛也。尝有小矮亭覆之,或谓是海眼所在,昔人铸铁以为镇,亦不见经传。"文庙附近的玉带河由珍珠泉水系所引,非河道主流,更没有海眼,此处历史上也没有洪水泛滥的情况,不足以铁牛为镇,所以这种说法似也不足为信。

清代大兴考据之学,出现了对民间传说的反思,清代董芸认为明人王象春所言的"建城之镇"是"附会不足信",他认为铁牛是纯度较高的铁矿石。明清两代人皆以《后汉书·郡国志》所云"历城有铁"为依据,认为铁牛是东汉所有。清初顾炎武在《山东考古录》"考铁"条中言道:"汉时,济南为产铁之地。《后汉志》言:'东平陵有铁''历城有铁'……今府学之铁牛,灵岩寺之铁袈裟,皆铁之精英,发见于地上者也。"顾炎武也是认为铁牛是裸露于地面的铁矿石。其实,《后汉书·郡国志》所云"历城有铁"不过是指历城有铁矿,盖言产铁之地,非谓一石,以此为据说铁牛是东汉所有过于牵强。单从外观看,铁牛显然不是氧化过的赤铁矿或褐铁矿石,所以这种说法是不可信的。

虽自明代起就一直有关于铁牛的记载,但自古而今尚无人能说清铁牛是出自何时、为何物。关于铁牛来历的猜测,有矿石说、铸铁说、矿渣说、陨石说等几种说法,虽各有道理,却皆不足信。2001年山东省地质科学实验研究院曾对铁牛的成分进行了检测,采样的铁量占99.998%,镍含量占0.012%,属于高纯度的纯铁,它的铁含量比现代工业纯铁的含量还要高。本想通过检测揭开铁牛的神秘面纱,却因检测结果使铁牛身世变得更加扑朔迷离。若说它是铁矿石吧,品质较高的磁铁矿、赤铁矿的含铁量也不过70%多一点,自然界中没有纯度如此高的铁矿石。若说它是铸铁吧,铁牛的铁成分非常纯,含碳量又过低,远远低于铸铁2.0%~4.3%的含碳量。若说它是矿渣,铁牛的含铁量极高,显然不是矿渣。若说它是古陨铁吧,虽然铁牛表面有类似气印、熔坑、熔沟的痕迹,外观颇似陨石,但陨铁的镍含量普遍在4%~20%之间,而铁牛的镍含量仅为0.012%,远远低

铁牛山

于已发现的陨铁。更重要的是，济南城区既没有关于陨石的记载，也无明显的陨击遗迹，无论铁牛的材质还是周边环境都与陨石无关。

铁牛非矿石、非铸铁、非矿渣、非陨石，究竟又是个什么东西呢？

单从铁含量高于99.998%这一结果来看，铁牛显然不是铸铁，而是生铁加工后的熟铁。古代冶铁产品，含碳量2%～5%的是生铁，也称铣铁，又称铸铁。含碳量0.5%～2.1%且杂质少的是中碳钢、高碳钢，但古代所产钢的实际含碳量多低于1.4%。含碳量在0.5%以下的，属于块炼铁或熟铁。对于铁牛极高的铁含量，大多数人认为古代没有这样的冶炼技术，认为铁牛不是人工产品。诚然，纯铁的冶炼即使在现代也不是件容易的事，工业纯铁的铁含量也只有99.5%～99.9%，但古代并非没有高纯度的熟铁。例如，印度奎瓦吐勒清真寺制造于公元310年的德里铁柱，其材质是纯度99.72%的熟铁，河南巩义铁生沟出土的一些炒炼产品中，含碳量最低的只有0.048%，这样的例子屡见不鲜。根据检测结果，结合古代的冶炼技术，可以推论铁牛既不是古人铸造的铁牛，更不是陨铁，而是古代的冶炼遗物。

这下反而变得简单了，既然是人造之物，那我们分析一下古代冶铁史，搞清楚铁牛的生产工艺，也就能大致推测出铁牛出现的时间了。

古代冶炼的生铁杂质较多，不宜铸造或直接使用，要经过多次煅烧、捶打，将其内部杂质及多余的碳成分去掉，使之成为低碳钢、中碳钢或者熟铁，这个过程就是炼钢。古代一般用生铁为原料炼钢，主要采用固态脱碳法、炒钢法和灌钢法。但古人没有"钢"的概念，一般也不会把熟铁与低碳钢进行区分，而是将经过二次加工的冶铁制品统称为"熟铁"。在世界范围内，古代的冶铁技术都是从块炼铁开始的，通过对出土实物的分析，中国最迟在战国晚期已经掌握了这种初期的炼钢技术。铁矿石在固体状态下通过燃烧的木炭还原得到有较多夹杂物的海绵状固态铁，其质地软、含碳量低、杂质较多，需再进一步加工才能使用。块炼法生产的铁块体积较小，出产纯度极高的熟铁有很大难度，所以铁牛不会是在这种技术下生产出来的。块炼铁和块炼渗碳钢技术，到西汉以后被炒钢法所取代。据徐州狮子山楚王陵出土的铁器检测可知，西汉早期就已经使用了炒钢技术，而关于炒钢的文字记载则见于东汉中晚期。东汉《太平经》卷七十二载："使工师击治石，求其铁，烧冶之，使成水，乃后使良工万锻之，乃成莫邪耶。"这里所使用的就是炒钢技术。到了南北朝时期，炒钢技术已经非常普遍了，熔炼铁牛这样大体积的铁制品才成为可能。所以铁牛应当出现在西汉之后，极可能是在炒炼技术非常熟练的东汉、南北朝之后。

铁牛的生产，说到底就是用何种方式将生铁炼成钢的问题，而古代能同时冶炼如此大体量的铁制品的技术，就只有炒钢法一种。"炒钢"一词其实是现代的说法，明清时称之为"炒铁"，是冶铁工艺史中非常重要的一环。"炒钢"是在生铁冶铸技术上发展起来的一种炼钢技术，生铁炼钢是一个氧化过程，把生铁加热到液态或半液态，用鼓风或撒入精矿粉等方法，利用矿粉使铁中的硅、锰、碳等成分氧化，把含碳量降低到适宜的范围，这就是炒钢。炒钢让"生铁"变为"熟铁"。它的产出品也可能是中碳钢、低碳钢，若碳的成分再低于0.02%，就是熟铁。炒钢的优点是生产率比较高，质量相对较好，但含碳量不易控制，所以炒钢的成品往往是低碳钢或熟铁，偶尔炼出像铁牛这样纯度很高的熟铁来并不稀奇。古代纯度较高的熟铁冶炼，往往都不是有意为之，而是无法准确控制导致的技术失误。铁牛最初是要准备冶炼锻造钢还是铸铁已经无从得知，但最终结果是技术失误生产出一大块过熟铁。古代冶铁不是一次而成的，要经过数次、数十次的反复锻烧锻打，尤其是在产品不能达到使用要求的情况下。铁牛产出后，应当又经过了多次的煅烧，进一步降低了含碳量，尤其是表面的含碳量。一般来说，铁在煅烧过程中脱碳量很小，但古代使用的是木炭加热，为了达到较高的炉温，连续加热三天的时间是很普遍的事，长时间多次加热必然导致铁件氧化脱碳，这也就是铁牛含铁为什么如此高的原因。

就如现代冶金工业中使用平炉生产纯铁，也要经过特别长的氧化期才能除去碳等杂质一样。在炒钢法之后，自南北朝开始又出现了灌钢法，至宋代已流行全国，逐渐取代了炒钢成为主流的炼钢方法，则铁牛必灌钢法流行之前。故从冶金工艺上看，铁牛应出现在宋代之前。

铁牛是熟铁，熟铁的熔点要比生铁高很多，纯铁的熔点在一般大气压下是 1 533℃ ~ 1 536℃，铁与其他金属的合金或铁中掺有杂质时，熔点就会大大降低。根据这一特点，结合冶铁的发展史，我们可以从另一个侧面来认识铁牛。从冶炼炉具及炉温来看，块炼法时期的炉体一般是平炉或地炉，炉腔体积小，普遍使用木炭为燃料，加之鼓风设备差，炉温只能达到800℃ ~ 1 000℃，生产不出铁牛那么大体积的精炼熟铁。汉代兴起了高炉炼铁，东汉光武帝时，水力鼓风机的出现又改进了送风设备，炉温能提升到1 200℃，使铁半溶。煤也逐渐成为冶铁燃料，但煤不能直接加热铁料，否则会使铁含硫过多而发脆报废，所以必须使用坩埚间接加热，即便这样硫的含量仍然很高。坩埚炉有一个非常大的缺点就是容积非常小，不适合大型冶炼，这种情况直到焦炭的普及才得以解决。北宋时，用煤冶铁，尤其是用焦炭冶炼已相当普遍，冶铁炉的温度因此得到进一步提高。铁牛无法熔炼是因为炉温较低，使用了木炭加热，而未使用焦炭。基于济南地下水较浅的特殊环境，铁牛所在地附近不适宜修建地炉，所以炼制铁牛的炼炉只能是平炉，相对于地炉来说其炉温较低。根据宋代之前的冶炼技术，在用生铁炼制低碳钢或熟铁的过程中，生铁去碳后会因熔点增高而变稠，添加的氧化剂过多就会产出过熟铁，若以木炭为燃料的平炉加热，如果炸炉或没有趁热分成小块，就难以继续熔炼或使用坩埚炉进行再加工。即便之后又有多次加热复炼，但在当时的冶铁技术条件下是无法熔化或改变性质的，便成了一块对其无可奈何的"废铁"。铁牛是纯度极高、需要较高炉温熔炼的熟铁，因技术问题导致难以继续熔炼，据此铁牛应出现在东汉炉温提升之后，宋代普遍实现焦炭炼钢之前。从工艺的普及率上看，似在唐代及唐代之前。

就位置而言，铁的粗炼往往都在铁矿附近，而炒钢、锻造等精细冶炼很多都靠近城邑。济南在汉代即有铁矿，《后汉书》言："东平陵有铁""历城有铁"。汉代济南不仅产铁，而且锻造技术也是世间闻名的，《韩棱传》云："肃宗赐陈宠宝剑，曰：济南椎成。注曰：'椎，直追反。'《汉书》作'锻成'。"由此可见，济南地区对铁的精炼、精锻在汉代已经是很普遍的事了。铁牛在秦汉所建的历下古城外西北方，由东而来可运输生铁，由南而来可运送木炭，运输极为方便。铁牛所在之处在古代很长一段时间都是高埠，附近又有历水，作为冶炼锻造的场所，这个位置是非常合适的。历下古城大概建于秦或西汉初年，故铁牛的出现不早于此。唐末宋初"易郭为城"，铁牛所在地逐渐成为内城，这之后是不可能进行大型冶炼的。而铁牛位于宋熙宁年间（1068~1077）修建的济南府学附近，故必不晚于宋初，很可能是宋代兴建文庙时发现的。而据唐代诗文可知，历下古城外的东、北偏在唐代有良好的自然环境，此地在唐代之后出现冶炼场所的可能性较小，故铁牛似应在唐代以前出现。

以上从古代冶铁的加工工艺、熔炼温度以及所处位置这三个方面分别进行了分析，都可以得出铁牛出现在西汉之后、宋代之前，而据技术普及程度及周围环境分析，铁牛应出现在东汉之后、唐代之前。在这个时间段内，还可以再更进一步推导具体的出现时间。众所周知，冶铁的特点是高耗能、高噪音，铁牛的位置临近历下古城，附近自古就一直是风景区，正常情况下是不会有大型的冶炼工场的。所以铁牛应该是临时铸造、锻造某批产品时的意外产物，很可能是战时加工兵器的场所，所以也没有比较明显的冶炼遗迹。铁牛的废弃，除了技术原因及炒钢时炸炉的可能性外，也可能是燃料突然供应不上，或是战争动荡，导致了相当长的一段时间内无法再继续加工。历史上，济南地区时常成为局部战争的据点，东晋十六国时期，历城曾几易其主。北魏献文帝皇兴二年（468）二月，征南大将军慕容白曜攻历城，冀州刺史崔道固降。南北朝时期，以历城为据点也发生过多次争夺战。铁牛的出现，或许就是两晋南北朝时期某次备战打造兵器的意外产物。

四

灰山是三山最具传奇性的一座山。据传山石上每日生灰若干。若扫净，第二日依然如故。至于为何后来见不到这等奇景，则另有传说。一种说法是1949年冬，一邓姓妇人深夜外出惊吓了"灰仙人"。另一种说法是"文革"时期，灰山附近有一老者醉酒将灰山打断一角，从此灰山不再生灰。

岩石生灰听来神奇，现实中并非没有可能，很多黏土含量高的岩石，在潮湿和风干反复作用下，就容易发生崩解剥落现象。而大明湖南岸地面潮湿，特殊岩石在特殊环境下就很可能出现崩解，当表层较松散岩层逐渐脱离后，这块石头便不再具有崩解性了。当然，这只是一种假设，是假设灰山生灰为真的解释。

灰山一带，中古时期其实是一处高地，即便宋代大明湖泛滥时也未将其淹没，一直是通往北水门的必经之路。宋神宗熙宁四年（1071）六月，曾巩就任齐州后修建了百花堤，也就是济南人所称的"曾堤"。百花堤位于大明湖东部，从百花桥向北一直延伸到北岸汇波桥下，横亘南北，将湖面水域分为大明湖与东湖。百花堤的南端起点就在灰山附近，正是看中了这里地势较高的缘故。

灰山（未拆迁前）

也就说，在大明湖水域还没形成之前的魏晋时期，历水绕过灰山高地后流向东北，直接从北门出郭。唐末，随着城墙的大规模建设，水路不畅，大明湖水域出现了。宋代，灰山高地将大明湖（当时名为西湖）的水域分成了西湖与东湖两个水域，高地北面则是一片湿地，将两湖连在一起。那时的灰山高地，就仿佛一座半岛，延伸到湖中，半岛的中心就是后来命名为"灰山"的这块石头。

百花堤是曾巩整治大明湖的一大措施，他是利用疏浚湖水时挖掘出的泥沙，在水位较低的位置——也就是灰山迤北，由南至北修筑了一条贯通两岸的长堤，将湖水隔为东、西两部分。堤岸的最大作用，是为了能快速从湖的南岸到达北门，以便实现抗洪之需。

堤岸建成之后，每到春日，湖堤两岸的湿地上野花遍地，故名曰"百花堤"，成为济南当时的一大胜景。春秋佳日，士女云集，画舫往来，碧波荡漾。百花堤建成后，曾巩曾沿堤岸一路来到湖北岸的北渚亭，并写下了长诗《百花堤》，来表述他对新建成的百花堤之的欢愉心境，诗中咏道：

如玉水中沙，谁为北湖路？久翳荒草根，未承青霞步。我为发其枉，修营极幽趣。发直而砥平，骅骝可驰骛。周以百花林，繁香泫清露。间以绿杨阴，芳风转朝莫。飞梁凭太虚，峣榭蹑烟雾。直通高城巅，海岱归指顾。为州乏长材，幸岁足秔稌。与众饱而嬉，陶然无外慕。

这首长诗里可以看出，先前的百花堤一带是被荒草淹没的水地，经过曾巩的整治，大堤已变成可驰骏马的笔直平坦大道，大堤两边花木繁盛，清露芳风，令人心旷神怡。曾巩修建百花堤的事儿，堪称是大明湖史上一段珍闻佳话，为历代文人骚客驻足吟咏。清乾隆皇帝来济南时，曾作有《鹊华桥》诗："长堤数里亘双湖，夹镜波光入画图。望见鹊华山色好，石桥名亦与凡殊。"诗中的数里"长堤"指的便是百花堤。而那南侧的灰山，早已被人忘得没了影儿。

汇波楼远眺

　　百花堤历经沧桑,亭榭无踪,随着这一带湖面水域的缩减,长堤成为陆地,周围渐渐为民居所占。至明代时,百花堤已成了湖中的一条街,明崇祯时的《历城县志》已有汇波寺及汇波街的记载。汇波寺,亦写作"会波寺",因寺内有阁,故俗称汇波寺阁子,始建于明代。汇波寺阁子建筑规模颇为宏伟,其上半部为三官殿,下半部为一跨街券门。券门高不过2.5米,进深有七八米,东壁上有一个拱形耳室。三官殿内供祀着三官,所谓"三官"是指道教所奉三位一体的天官、地官和水官的合称,或称"三元"。每逢年节,许多祀奉者来此祭祀,香火十分旺盛。清人方启英曾有《将夕游汇波寺》诗描绘了旧时汇波寺周边的景色,其诗曰:"郭内湖边寺,斜连历下亭。汇波涵晚照,飞彩散寒汀。暖暖山头月,辉辉水面萤。梵余疏磬响,佛火一龛灯。"

提起汇波寺阁子,往昔在济南还流传着一个汇波寺阁子"通海地漏"的民间传说。传说汇波寺阁子上殿顶与济南南门——历山门的地面一般高。每到雨季时,历山门一带积水没膝,而阁子底下的积水从未深过阁洞之半,故而人们都说这里有通海地漏,无论下多大的雨都不会淹没。其实,此街不存水的真正原因是这条街建在了百花堤旧址上。而"通海地漏"的位置,就是过去灰山高地的北侧,也就是宋初西、东两湖的湖水相接处,灰山的存在就是为了镇住这一地漏。

从今天的百花桥向北,一直到汇波桥下,过去是一条长街。明朝时称作汇波街,至清代中前期改称汇波寺街,清末则通称汇波寺阁子街。清末民初,长街南部称为汇波寺街,北部称为汇波寺北街。到了20世纪30年代,以汇波寺阁子为界,向南称为阁子前街,向北称为阁子后街,往西则称为阁子西街。汇波寺阁子则于1946年修整街道时被拆除。2008年大明湖扩建时,在这一带开挖水域,并恢复了百花堤。今堤南段以西复建为滨湖水街,街中水道纵横,原本镇着"海底地漏"的灰山被异地安置在了水中。

可叹,沧海桑田几变更。

五

讲了"通海地漏",那就不能不谈济南古城的"海眼"了。

不同于"地漏",所谓"海眼"是指可以看见的一个点,或泉,或井,或深潭,而不是指某一片地势。古代的典籍中,"海眼"即"归墟",为海中无底之谷,谓众水汇聚之处。传说南海有一处海眼,深不见底,倾天下之水也难以将其填满。《列子·汤问》:"渤海之东,不知几亿万里,有大壑焉,实惟无底之谷,其下无底,名曰'归墟'。"在民间,人们管很深的洞穴、泉井都

镇城之庙——北极庙（摄于清末）

叫作海眼，是大海延伸到内陆的一个水口。

济南被民间传说为海眼的有多处，如舜井，因传说井底锁龙而成为济南著名的海眼。又如濯缨泉，也就是王府池子，因其涌水量巨大且泉穴深邃，也被称为海眼。再如五龙潭、登州泉都在一定范围内被传为海眼，水底可直通大海。上面提到的这几处海眼都是水向外涌出的，而往地下漏的，除了灰山北的"通海地漏"外，就只有大明湖历下亭岛迤北的湖水下的一处海眼了。据传说，大明湖"恒雨不涨"的原因，就是因为这处海眼的存在，它自动调节着大明湖的水位。

舜井的海眼有历山镇着，濯缨泉的海眼有铁牛山镇着，"通海地漏"由灰山镇着——济南民间的神话体系是这样予以安排的。那么，历下亭后的海眼又是谁在"镇守"呢？或者说，大明湖这一大片湖水，是由谁在镇守呢？那，就是大明湖北岸的真武庙。这座庙不仅镇守着大明湖，更镇守着整座明府城，是超越"三山"之上，真正的"城之镇"。

真武庙又名北极庙、北极阁，坐落在大明湖东北岸，始建于元代，为道教庙宇，供奉真武大帝。根据阴阳五行来说，北方属水，故北方之神即为水神。《后汉书·王梁传》说："玄武，水神之名，司空水土之官也。"《重修纬书集成》卷六《河图》："北方七神之宿，实始于斗，镇北方，主风雨。"因真武大帝是中国神话传说中的北方之神，所以明代时也被称为"北庙"。

真武大帝，原名"玄武大帝"，后讳宋代开国帝王赵匡胤（字玄朗），把"玄武"改为"真武"，全称真武荡魔大帝，道经中称他为镇天真武灵应佑圣帝君。真武大帝本为颛顼的辅佐之神玄武，后来在道教神仙体系中，真武大帝接替北方天帝颛顼成为镇守北方的天帝，颛顼则成为统治阴间的丰都大帝。真武大帝的形象非常威武，其身长百尺，披发、黑衣，脚踏龟蛇，按剑而立，眼如电光，从者执黑旗。《元始天尊说北方真武妙经》中说，真武帝君原是净乐国太子，生而神灵，察微知运。长大成人后十分勇猛，唯务修行，发誓要除尽天下妖魔，不愿继承王位。后遇紫虚元君，授以无上秘道，连越游东海，又遇天神授以宝剑。入太和山修炼，居二十四年功成圆满，白日飞升。玉帝下令其敕镇北方，统摄玄武之位，并将太和山易名为武当山，意思是"非玄武不足以当（挡）之"。宋天禧年间（1017~1022）诏封为"真武灵应真君"，元朝大德七年（1303）加封为"光圣仁威玄天上帝"，一跃而为北方最高神。明朝初期，燕王朱棣发动"靖难之变"，夺取了王位。传说在燕王的整个行动中，真武大帝都曾显灵相助，因此朱棣登基后，即下诏特封真武为"北极镇天真武玄天上帝"，并大规模地修建武当山的宫观庙堂，真武大帝的信仰在明代达到了鼎盛。济南北极庙的修建历史，正与对真武大帝的信仰历史息息相关。

北极庙始建于元初至元十七年（1280），由杨成在原放鹤亭旧址上修建而成，迄今已有七百多年的历史。因真武色黑主水，建在大明湖畔，以求降妖除魔，保佑一方平安。明永乐十八年（1420）曾予重修。成化初年，济南德王朱见在正殿后建启圣殿。据明代正德嘉靖间济南名士刘天民所撰《真武庙启圣殿记略》记载："成化初年，我德庄王封藩于济，岁加葺理，既崇且焕。继今王嗣位……闻道家者流谓神有父母，宜更崇一宇以栖神止。王遂从之，别为殿四楹，绘像以祀。"明德王朱见潾于成化三年来济南就王位后，由于他信奉道教，便在北极庙的正

北极庙内的神像（摄于清末）

殿后建净乐宫（后改称启圣殿），殿内塑有真武大帝父母的坐像。正德九年（1514），德王府派白闻宇重修。嗣后，历代德王每年都要来献礼供奉，并派人对庙宇加以修缮，一直延续到明朝灭亡。清代后，北极阁又经多次修缮，主体建筑一直保存完好。

北极阁庙貌巍峨，坐落在高达7米的石镶土台上，坐北朝南，面向大明湖，占地面积1 078平方米，南北呈长方形，台后与古城墙咫尺相邻。北极阁整组建筑由钟楼、鼓楼、前后两殿及东西配房组成。庙门厅左右两侧分别为钟楼和鼓楼。内院东西为庑殿及钟、鼓二楼，迎门便为正殿。大殿正中供奉真武大帝金身坐像，神案上陈列有明嘉靖年间铸造的龟、蛇合体铜塑，神像前及左右分别立有泥塑神像。神前左右，东庑自前而后分别是地祇主令温元帅、斗口灵官马元帅、欻火律令邓元帅、赤心忠良王元帅、飞捷报应张元帅、监坛护法勾元帅、雷门八卦庞元帅、周公、东方苍龙星君；西庑自前而后分别是靖魔上将刘元帅、龙虎立坛赵元帅、地司太岁殷元帅、天医五雷陶天君、监坛护法毕元帅、雷门八卦刘元帅、银斗猛烈辛天君、桃花女、西方白虎星君。这些泥塑造型流畅，神态自若，是古代泥塑中的精品。

置身于庙台之上举目远眺，南山如黛，明湖如镜，画舫穿行，一览无余；沿湖垂柳姿态婀娜，掩映亭台楼阁，如在画中。湖光山色，尽收眼底，真可谓是赏湖观景的理想去处。清人高宅旸《登北极阁》一诗赞道："星临北极俯尘埃，形势嵯峨气壮哉。万树风声缘阁入，一湖山色抱城来。"清代诗人陈锦所写的一首题名为《北极庙》的五言律诗，则真切地描绘了登临北极台上观赏到的湖山景色："欲揽全湖胜，凭临百尺合。人烟缘树密，山色隔城来。莲叶青无缝，轻舟荡不开。鹊华天外碧，郁郁气佳哉。"远山近水，烟雨楼台。可谓气象万千。

北极庙内的陈设一直到"文革"前基本保持原貌，"文革"时期元代铜铸神像被运走，泥塑被破坏。1980年起，对北极庙进行修复，重建钟、鼓二楼，全部建筑彩绘一新，殿中重新塑起神像，并于1983年9月完工，恢复旧观。遗憾的是，当时因为文献资料查找不易，重塑的塑像形象及名称与历史原貌有所不同。

不过，似乎这座镇城的北极庙并不顶用，有些事连它也"罩不住"。

在北极庙、铁公祠之间，过去有一处火药库，清代火药局就设在此处。火药库北靠城墙，南临湖水，门前有土路。平时库房锁闭严密，里外有兵役看守，不让人靠近，除制造火药外，还贮存兵器。清咸丰九年（1859）十九日，山东火药局在火药出库时发生大爆炸，"四围震陷十余里。事后抚臣奏称，查得死伤者有姓名可考者，计四千余人。"当时住在济南趵突泉吕祖庙三星楼上的孙纪云，作为亲历者写了一篇《山东武库灾记》，记录了爆炸过后他的所见所闻。这次爆炸，北极庙也被波及。

直到民国初年，火药库虽然不再制造火药，但依然作为弹药仓库存在，并在大明湖东北岸建有另一处军械库。1930年6月1日晚，小北门里的军械库也发生爆炸，一百余户民居被炸毁，受伤者二百余人。这之后，才把火药库及军械库全部撤离大

明府城老街巷

明湖。面对火药大炮，北极庙也难以镇住，毕竟它是镇水的呀。

北极庙的神仙老爷，在水上还真倒是"显灵"了一次。

北极庙东侧的感应井，是明代正德年间修葺北极庙时挖出的一眼甘泉。据矗立在感应井泉西侧的明正德进士、兵部武选司郎中邹袭所撰《感应井泉记》石碑记载，明代正德九年（1514），因北极庙日久倾圮，德王府派白闻宇率工匠修缮。施工中，因大明湖畔诸水井之水苦涩难饮，百余名工匠所饮用的水，需南去数里之外的罗姑、玉环二泉处汲取。天热路远，费时费力，苦不堪言。一天夜里，白闻宇焚香祈祷，拜求神灵，以解饮水之忧。梦寐之际，得"神灵"明示：泉在北。次日一早，白氏即按神灵所示之处，令工役凿挖，果然有泉涌出，色清味甘。众工匠欢欣跃动，以为"（白）公一念之格也"。于是将此泉取名曰"感应"井泉，并于同年的夏历四月十五日立《感应井泉记》碑于井侧。值得一提的是，此碑系由明代济南著名诗人边贡篆额，边贡书法作品世所罕存，因此显得尤为珍贵。

据清康熙《济南府志》载："城北滨湖，水味多咸，此井独甘。"旧时北极阁的道士和附近的百姓，多饮用井中泉水。后此泉湮没，连《感应井泉记》石碑也不知所踪。

JINAN 济南故事

第四章

众泉汇流

"齐多甘泉，冠于天下。"

济南，是一座泉水之城，以泉水众多闻名于世，仅老城区范围内就有四大泉群，分别是趵突泉泉群、黑虎泉泉群、五龙潭泉群和珍珠泉泉群。在这四大泉群中，趵突泉、黑虎泉、五龙潭三大泉群都在第一泉景区内，泉水汇聚成护城河，把老城区围了个圈儿；由珍珠泉泉群的泉水汇集而成的大明湖，倒映着远处的千佛山。泉、河、湖、山、城，天然的山水风光与城市和谐地融为一体，古人谓之曰"一城山色半城湖"。

泉与城共生，且延续数千年，举世仅此一例。

一

济南府城的西南处是趵突泉泉群，众泉汇流为泺水，也就是今日的西护城河。

趵突泉是古泺水的源头，所以被称之为"泺源"。人们最早以"泺"来称谓趵突泉。春秋时期，齐国和鲁国因边界争执发生战争，次年春，也就是公元前694年，鲁桓公到齐国谈判边界问题，会齐襄公于泺。泺，即泺水的源头趵突泉。魏晋南北朝时，因泉上有祭祀大舜妻子娥皇、女英的娥英庙，趵突泉也被俗称"娥英水"。据北魏《水经注·泺水》记载："济水又东北，泺水入焉。水出历城县故城西南，泉源上奋，水涌若轮。《春秋·桓公十八年》'公会齐侯于泺是也。'俗谓之为'娥姜（英）水'，以泉源有舜妃娥英

趵突泉北侧的水道（摄于清末）

庙故也。"《水经注》的作者郦道元称其"泉源上奋，水涌若轮"，可见当时水势之盛。北宋，趵突泉又被称为"槛泉"。金代元好问在《济南行记》中记载道："近世有太守改泉名槛泉，又立槛泉坊，取诗义而言。""槛泉"一词典出自《诗经·大雅·瞻卬》的"觱沸槛泉，惟其深矣"和《诗经·小雅·采菽》的"沸槛泉，言采其芹"。"槛"字就是水自地下直涌而出之意，假借为滥，泛滥之意。而"沸"一词，在古时为象声词，形容泉水涌流盛出之貌。宋代大文豪曾巩第一次记录下了"趵突泉"这一名字，在他撰写的《齐州二堂记》中提道："有泉涌出，高或至数尺，其旁之人名之曰'趵突'之泉。"所谓"趵突"，即跳跃奔突之意，反映了趵突泉三窟迸发，喷涌不息的特点。文中，曾巩还提到了趵突泉的另一个俗名："趵突之泉，冬温，泉旁之蔬果，经冬常荣，故又谓之'温泉'。"因趵突泉源自地层深处的裂隙，全年水温恒定在18℃左右，人们冬季利用地温在泉畔种植蔬菜，故有"温泉"的俗称。宋、金时期，趵突泉还有一个俗名，叫"爆流泉"。此名最早见诸北宋李格非《历下水记》中，后又出现在金代元好问《济南行记》中："凡济南名泉七十有二，'爆流'为上"。除此之外，济南百姓还形象地俗称趵突泉为"三股水"。在趵突泉诸多名称中，沿用时间最长的还是"趵突泉"，距今已有近千年的历史了。

　　关于趵突泉水的由来，古人有各种不同的猜测。宋代沈括在《梦溪笔谈》中认为济水自王屋山东流，有时隐伏地下，至济南冒出地面而成诸泉，古人将此归纳为"济水伏流说"。宋代曾任齐州（济南）太守的曾巩认为济南众泉之源来自南部山区。他在《齐州二堂记》中说道："泰山之北与齐之东南诸谷之水，西北汇于黑水之湾。又西北，汇于柏崖之湾，而至于渴马之崖。盖水之来也众，其北折而西也，悍疾尤甚。及至于崖下，则泊然而止。而自崖以北，至于历城之西，盖五十里，而有泉涌出……盖泉自渴马之崖潜流地中，而至此复出也。"这与当代地质研究的主流观点是一致的。

　　北宋时期，曾巩曾在趵突泉畔建筑泺源堂、历山堂，作为使客之所。曾巩称赞趵突泉道："一派遥从玉水分，暗来都洒历山尘。滋荣冬茹温常早，润泽

趵突泉及观澜亭（摄于清末）

春茶味更真。已觉路傍行似鉴，最怜沙际涌如轮。曾成齐鲁封疆会，况托娥英诧世人。"形象地描绘了趵突泉的泉水由来和流向，道出了其水质、水势特点。

曾巩任职齐州前，退居济南的寺丞刘诏在趵突泉边修建了一所私家园林，泉畔有一座轩式建筑，名曰"槛泉亭"，是当时观看趵突泉的最佳地点。宋神宗熙宁五年（1072）七月，青州知州赵抃调任知成都，途径齐州（济南），曾在刘诏槛泉亭做客观泉，欣然作《寄题刘诏寺丞槛泉亭》："泉名从古冠齐丘，独占溪心涌不休。深似蜀都分海眼，势如吴分起潮头。连宵鼓浪摇明月，当暑迎风作素秋。亭上主人留我语，只将尘事指浮沤。"

熙宁六年（1073）秋，北宋文学家苏辙自陈州（今河南淮阳）学官改任兴德军掌书记，来到济南。在济南期间，苏辙曾多次在槛泉亭观泉，并写有《槛泉亭》一诗，诗曰："连山带郭走平川，伏涧潜流发涌泉。汹汹秋声明月夜，蓬蓬晓气欲晴天。谁家鹅鸭横波去，日暮牛羊饮道边。滓秽未能妨洁净，孤亭每到一依然。"

熙宁十年（1077）正月，北宋文学家苏轼赴徐州，行经济南，与齐州知州李常在趵突泉畔相会。后来，苏轼在《次韵李公择梅花》诗中提到了这次泉边聚会："更忆槛泉亭，插花云髻重。"宴间，苏轼乘兴在槛泉亭的墙壁上写枯木一枝。苏轼热衷于绘写枯木怪石，宋人曾记载"东坡先生每为人乞书，酒酣笔倦，多作枯木拳石以塞人意"。刘诏视此图为珍宝，将其刻为石碑，置于安遇堂内。槛泉亭及苏轼的原迹，于明初靖难之役时被毁。仿图刻石于金大定间年间为禹城王国宝得到，后移入禹城儒学，可惜在明朝嘉靖年间也被毁。

金代，著名文学家元好问曾两次来济，并多次游览趵突泉，并在《济南行记》中论证了趵突泉的成因及命名由来。元好问在《济南杂诗》中写道："白烟消尽冻云凝，山月飞来夜气澄。且向波间看玉塔，不须桥畔觅金绳。"在元好问的眼中，浪花翻滚的趵突泉如同冻凝的云朵，又如闪着银光的玉塔，是济南的一大奇景。

金元时期，趵突泉畔的最佳观泉地点是建于金代的胜概楼。至元二十九年（1292），元代书法大家赵孟頫出任同知济南路总管府事。赵孟頫曾登上胜概楼隔窗俯视趵突泉，留有《胜概楼》一诗："楼下寒泉雪浪惊，楼前山色翠屏横。登临何必非吾土，啸傲聊因得此生。檐外白云来托宿，梁间紫燕语关情。济南胜概天下少，试倚阑干眼自明。"在胜概楼俯瞰，泉水喷涌，浪花如堆雪砌玉；举目远望南山，青翠如屏，横搁城南，登楼而望如在目前。可惜的是，在赵孟頫登楼后不久，山洪暴发，胜概楼"为水所坏"。

元代著名文学家张养浩是济南人，他称赞趵突泉道："绕栏惊视重徘徊，流水缘何自作堆？三尺不消平地雪，四时尝吼半空雷。深通沧海愁波尽，怒撼秋涛恐岸摧。每过尘怀为潇洒，斜阳欲没未能回。"绘声绘色地摹写了突泉水喷涌如堆雪，流声如惊雷的瑰丽景观。

明代，地方官员屡次对趵突泉畔的园林景观重加修葺，增建了不少建筑，如观澜亭、来鹤桥、蓬山旧迹坊、白雪楼等著名建筑都是当时兴建的。加之泉畔的吕祖庙修葺一新，趵突泉周边亭台楼阁错落，如同仙境，是文人雅士的必游之地。明代著名哲学家王守仁在济南做主考时曾游览过趵突泉，写下了《趵突泉和赵松雪韵》一诗。诗云："泺源特起根虚无，下有鳌窟连蓬壶。绝喜坤灵能尔幻，却愁地脉还时枯。惊湍怒涌喷石窦，流沫下泻翻云湖。月色照衣归独晚，溪边瘦影

趵突泉来鹤桥（摄于清末）

伴人孤。"诗题中的"和赵松雪韵",就是说王守仁的这首诗是按照元代赵孟頫那首著名的七律《趵突泉》诗中的韵及其用韵的次序写成的。此诗后镌刻于石,镶嵌在吕祖庙后(即今娥英祠)前东墙门南。

当时的山东巡抚胡缵宗写有《咏趵突泉》一诗,诗云:"王屋流来山下泉,清波聊酌思泠然。云含雪浪频翻地,河涌三星倒映天。滚滚波涛生海底,苁苁蕊萼散城边。秋光一片凌霄汉,最好乘槎泛斗前。"胡缵宗在趵突泉畔看到的是一番人间仙境——云雾含着雪浪频频从地下翻出,三股泉眼恰似银河里冒出的三颗星星,令人感到天空仿佛倒了过来;趵突泉波涛滚滚,仿佛由海底生出;水珠飞溅,恰似苁苁蕊萼飘散向城边;趵突泉畔的景色,如同乘坐木筏泛游于北斗星前一般。今趵突泉西南侧观澜亭前水中有一通石碑,上面刻着的"趵突泉"三个苍劲大字,就是嘉靖十六年(1537)由胡缵宗书写的。

明嘉靖三十四年(1555),山东监察御史雍麓原召集历城知县及有司衙门,对趵突泉进行了明代最后一次整修:"经始旧亭,加崇基础,增翼宇栋稍广廊舍,以止属从。又于亭之北对立二碑楼,以屏风雨。亭之南开疏夹河,架以小桥,远引白龙、黑虎二泉流其下,环亭东西而北溯。又掏挖趵突三泉,稍使浚发,大会众泉。波派长流曲注,不啻灌溉稻田千顷。"工程疏浚了泉池,重新整理了泉水周边的水系,修整了泉池周边的建筑景观,于第二年的秋天完工。

这次重修一百年后,趵突泉"壤居都会,群儿裸浴为水嬉,饮马践蹂,沙石阻淤,向所称涌起数尺者,今仅尺许。又其桥材弗良,旋构旋圮;游人惴惴失坠,临观不欢"。清顺治年间,山东学政施闰章奉命对趵突泉进行了清代以来的第一次重修工程:清挖了趵突泉泉池内堆积的大量泥沙,使泉流如故;用杉木修建了来鹤桥,桥下设置联锁,杜绝了泉池饮马;整修泉池周边建筑,灵气焕然一新。整个工程在"三月落成",济南百姓"踊跃来观",极一时之盛。对于趵突泉畔的景观,施闰章称赞道:"其楼榭亭馆之美,灿若霞起。宾燕咸集,凭栏周瞩,仰而见山之青,俯而见泉之洁。且骇侧耳静听,盖未尝不喟然兴叹,浩乎其有德焉。"

趵突泉及吕祖庙

咸丰四年（1854）四月至八月间，济南知府陈栗堂对趵突泉周边进行了清代最后一次大规模整治。修缮了破败的吕祖庙大殿，重新疏浚了泉池，使趵突泉"喷珠溅玉，噢雪奔雷，汩汩然，涌地上出，渟而为渊，潴而为泽，汇流奔放，旋绕于石栏台榭间。漱润流清，濚洄曲折，宇宙奇观，于是乎在焉。"

二

济南府城的西厢外迤北是五龙潭泉群，泉水一部分流入小河，一部分流入西护城河，这一带过去因泉流众多而被命名为"东流水"，以五龙潭最为出众。

五龙潭最初名为"大明湖"（不同于今日之大明湖），因西岸曾有一座大明寺而得名。宋时，五龙潭被称为"四望湖"。金末元初，因传说水底有五方神龙居住，易名为"五龙潭"，这一名字为元代著名文学家张养浩在《复龙祥观施田记》一文中首次予以记载。五龙潭澄澈深邃，成群的鲤鱼、鲢鱼在水中游弋嬉戏，伫立水畔观鱼，大有"波清日暖足优游，去去来来总自由"之感。傍晚，初升的月轮倒映入潭，曲栏画桥随波晃动，宛若仙境。雨后新晴之时，潭水湛蓝，藓苔靛青，显得格外清幽，世称"苍生霖雨"，为明代历下十六景之一。

据《水经注》记载，潭西南处曾建有大明寺，这是济南老城区附近最早的佛教寺院。五龙潭当时是大明寺的一部分，池边建有客亭等园林建筑，郦道元因此将其喻为"净池"。客亭周围楸叶桐成荫，站在亭内放眼望去，鸢飞鱼跃，水木明瑟，尽显"物我无违"的自然之美。

唐代，秦琼曾在五龙潭西侧建有府第。这种说法最早见于元代文学家张养浩的《复龙祥观施田记》："闻故老言，此唐胡国公秦琼第遗址。"秦琼，字叔宝，齐州历城县（今济南市）人。秦琼年轻时，曾在历城县衙门当捕快。他为人慷慨仗义，广交天下英雄，秦琼曾与徐茂公、程咬金、罗成等人在西关贾家楼（据传在原笐子巷北口"玉美斋"食品店处）结拜为江湖"三十六友"，其中许多人后来成为唐王朝的开国名将，这就是有名的"贾家楼聚义"。此后，秦琼追随唐太宗李世民南征北战，因功勋卓著，被封为

五龙潭

左武卫大将军,授爵翼国公(后改封"胡国公")。据明崇祯《历城县志》记载:"秦叔宝宅,在西关沙苑。子孙世以铁冶为业,世称铸铁秦家云。""西关沙苑"位于五龙潭迤西,即今花店街东段一带,秦氏族人世居于此,以铸铁为业,人称"铸铁秦家"。到了清代,西关沙苑附近还有秦氏祖产,五龙潭西岸建有秦氏祠堂,并立有"唐左武威大将军胡国公秦叔宝之故宅"碑。嘉庆年间尹廷兰《华不注山房文集》云:"胡公宅址在铁塔西阛阓间,其地冈阜墂垲,今为客邸,里人所谓花店者也。每岁腊月,卖花者麇集,秦氏裔孙来收花税。其事虽不经,然父老相传已久,不可谓无征矣。"此时,秦氏家族在西关沙苑的祖产被讹传为秦琼故宅,并成为客舍,每逢新年便都会有北京绢花艺人来此处贩卖京花,这条街巷也因此被命名为"花店街"。

金元之际,五龙潭西岸建有祭祀五方神龙的龙祥观。五龙崇拜始于战国时期,唐玄宗时以祭雨师之仪祭龙王,五龙神被列入国家祀典。宋徽宗大观二年(1108)诏天下五龙皆封王爵,封青龙神为广仁王,赤龙神为嘉泽王,黄龙神为孚应王,白龙神为义济王,黑龙神为灵泽王。金代以后,五龙祭祀退出了官方祭祀,转向由民间祭祀。五龙潭泉水从池底和四周涌出,看不到泉眼,却只见水涨而溢,古人深信为龙窟,于是这里成了祭祀五方神龙的地方。张养浩幼年时多次往来于五龙潭,他听老人们说,一天晚上雷雨大作,水底发生塌陷,溃陷为渊。有善游泳的渔人潜水查看,发现水底隐约可见玉石台阶。又有在水畔醉卧者,梦见宫殿闳邃,站满了身着朱红官衣的人。百姓纷纷传告里面藏有神灵,不敢就近修筑民舍。有人提出,深渊是龙的居所,水底有龙宫,岸边适宜修建道观,祀五方神龙,以镇守本土,祛除灾难。于是,乡里募集资金,准备物料,聚集建筑工匠,在水畔建起了一座龙祥观,由道士王葆光主持祠事。凡遇水灾、干旱、瘟疫,乡民必往祷之,有求辄应。龙祥观,又名五龙庙、五龙堂、五龙坛、五龙宫。元至正十二年(1352),监宪杨氏曾重修,在原来的基础上叠土三尺,然后构堂四楹。殿堂高大明亮,内塑龙像,蜿蜒于梁柱之上。四周围以墙,红色饰面,青瓦覆顶,高大厚实。前筑棂星门,巍然雄峙。

门内铺设雨道，规整如矩，直通殿堂。殿堂东西两侧，又建有亭。整座建筑宏伟壮观，金碧辉煌。

至元二十九年（1292）十一月七日至元贞元年（1295）春之间，元代大文人赵孟頫就曾来此祈雨。某年济南大旱，时任济南府同知的赵孟頫亲赴济南东郊外的龙洞山祈雨，"顷之，大雨骤至。"一月后又见旱情，赵孟頫至龙祥观"为文以责之"，当夜雷雨大作。自元代开始，五龙潭继龙洞之后成为济南另一处祈雨胜地，五龙潭即得名于此。撰写于至正十三年（1353）的《重建五龙堂纪略》中说道："历下名泉众矣，独在城西有潭，深且阔。故老相传，以为斯渊有神龙，故曰五龙潭。"明代刘敕也有诗云："传是蛟龙宅，龙潜何处寻？坛中台殿古，门外石潭深。"明万历年间，历城知县张鹤鸣于此"建霖雨亭，又为鲛人室，祷雨屡应"。五龙潭祈雨之灵应，历数百年，但也有不灵的时候。明代文人王象春曾说道："城西五龙宫，潭水渊泓莫测，有祷则应。"但有两年山东连续干旱，几靡孑遗，龙王却失灵了。王象春据此认为，对待龙王，小旱宜祈祷敬之，大旱则宜骂之，若斥责之后仍然不听使唤，则这位龙神就可以易位了。

龙祥观在清代易名为"五龙宫"，仍是济南一处重要的求雨场所。宫内"塑五龙，盘楹柱如生。晴午入庙，隐若欲雨。"清代乾隆《历城县志》记载："五龙潭，在西门外，五龙宫东。潭深不测，疑有蛟龙，大旱搅潭，往往得雨。"清代初年，山东巡抚蒋陈锡因在五龙宫求雨多应，特重新建霖雨亭，并根据《诗经·鄘风》中的诗句"灵雨既零"将"霖雨亭"改名为"灵雨亭"，意为美雨常洒。亭周风景秀丽，左右生有高大梧桐，小溪纵横，曾引得众多文人赞咏。清朝人黄氏就曾题《灵雨亭》诗描绘说："漪园水西路，遥听老龙吟。古殿含秋雨，灵风结暮阴。澄泓千尺水，清越九皋音。凭栏观鱼乐，悠然濠上心。"

直到20世纪初，五龙潭祈雨仍是济南民间的一种习俗。日本人直江广治在他所著的《中国民俗文化》一书中记述了一则济南的民间传说："西关有个叫五龙潭的海眼，传说一直有龙栖息于潭中。清朝光绪年间大旱频发，农作物濒临枯死。民谚有云：'龙虎相斗，必将降雨。'有个叫张龙的男人，谙于水性，便抱虎骨跳入五龙潭中。当张龙跳入五龙潭之后，天上立即出现乌云，接着就连降几天的倾盆大雨，农民们因此而获救。从那以后，当地每发生小旱，必将虎骨投入五龙潭，百试不爽……"

清代，五龙潭西岸曾建有"潭西精舍"。在古代济南为数众多的园林建筑之中，潭西精舍是一处极具文化底蕴的人文胜迹。清乾隆五十四年（1789）春，数位文人客寓济南，这其中就包括文字训诂学家、书法家的山东曲阜人桂馥。他们聚集在五龙潭游赏一番，觉得这里是游玩踏青、饮酒唱酬的好去处。文人陈秉灼便提议众人集资在此建筑馆舍，作为日后文人学者聚会的场所，赢得了一致赞同。

清乾隆五十八年（1793）春二月，东游莱州归来的桂馥再次到了济南，应陈秉灼之请，挥笔泼墨，作了一篇《潭西精舍记》。这篇记由当时已是79岁高龄的历城刻工杨敬刻石。当年五月，潭西精舍的西院墙筑好了，《潭西精舍记》的石刻就被嵌在了西墙上。

让人意想不到的是，修建房屋挖掘地基时涌出了一眼泉，水势甚佳，汩汩喷涌，呈现出"一峰地出疑晶突，六月阴藏忽雪喷"的景观。桂馥甚喜，大宴宾客，为泉起名。来客众说纷纭，有以形命名的，有以色命名的，有以味命名的……难以定夺。桂馥想到济南素有七十二名泉之说，便索性以"七十三泉"来命名，并题一诗："名泉七十二，不数五龙潭。为劳算博士，筹添七十三。"这一带有戏谑味道的命名，立即博得众人拍手叫绝，于是"七十三泉"这一称名便流传下来。同时期文人吴友松作《七十三泉记》并刻石立于泉畔（该石现已没），记述这一佳话美谈。

新泉的出现，使精舍大为增色。为增加水流的气势，精舍主人又将南侧天镜泉的水引来与七十三泉相汇。泉水绕屋穿廊，流入五龙潭，潭西精舍成了著名的水景园，游人远远就能听到汩汩的流水声。桂馥在潭西精舍七十三泉的北面盖了间草亭，起名叫"谈助亭"。在命名七十三泉后不久的一个月夜，桂馥、陈秉灼、僧人研虑在谈助亭内喝茶闲聊，"是夜，月色清澈，而风雨之声不绝，盖新出七十三泉也"。于是，桂馥便即兴赋诗一首，陈秉灼紧接着亦和诗一首。次日，画家郭敏磐听说此事，为之作《潭西客夜》图，图上三人，凭几者是陈秉灼，旁坐者为桂馥，斜立者为研虑和尚。这就是"潭西客夜"的由来。

三

济南府城东南为黑虎泉泉群，护城河畔泉源众多，大部分是元明时期开挖南护城河之后才出现的。泉水汇流为南护城河、东护城河，经东泺河，再注入小清河。

历史上，最早对城南诸泉做详细记载的是清末官吏管世铭。清乾隆年间，时任户部主事郎中、充军机章京的管世铭因公来到济南，"侨居于郡南门之缔观里，附城而稍西偏"，古鉴泉东。公务之暇，他漫步于南护城河一带，游观了鉴泉、胤嗣、南珍珠、黑虎、玛瑙、琵琶、九女泉等城南诸泉。他认为"历下胜地多，城南差不甚者"，便写下

黑虎泉（摄于1905年）

了《城南诸泉记》一文，真实记述了城南诸泉的历史风貌。在这篇不足五百字的游记中，还提到了清代乾隆时期泉畔居民的生活状态："舍东即古鉴泉，居人炊濯资于是。瓶绠络绎，道至沮洳不可行，以其近于市也。"沿河居民以"泉"为活动中心，聚集在泉畔汲水、浣衣、洗菜，这种情景一直延续至近代。

在南护城河一带，泉水水源最旺、位置最高的，是黑虎泉。清代，黑虎泉与趵突泉、珍珠泉、金线泉同称为济南"四大名泉"。黑虎泉一名最早见于金代《名泉碑》，关于其名来源有多种说法，较为普遍的说法认为泉源出于悬崖下深凹的洞穴，洞中幽暗，砾石遍生苔藓而显苍黑，泉水从崖下涌出，激湍撞击，水声轰鸣若虎啸，每逢夜半风扑洞中，伴随泉水喷涌更壮其声，故称"黑虎泉"。民间俗传，黑虎泉有水神。相传早年间的黑虎泉一带是一片荒野，有黑、白二虎在此相斗，被人惊扰后分别逃入东、西两个洞穴，深藏不出。后成为两股清泉，一名黑虎泉，一名金虎泉。据说，这只黑虎一直藏于洞中，并变成了神灵，而白虎后来不知去向，给人留下一片遐想。

黑虎泉在济南数以百计的名泉中，喷涌气势极盛，泉水轰隆、撼耳摇神，自古便为世人所喜爱。明代济南人刘敕曾做过这样动人心魄的描述："喷珠飘

黑虎泉（摄于1930年）

练，澄彻可鉴眉睫。泉溢而出，轰轰下泻，澎湃百状。飘者若雪，断者若雾，缀者若旒，挂者若帘。泻为圆池，名曰太极。池中屹然一巨石，水石相击，珠迸玉碎，萦回作态。其声如昆阳巨鹿之战，万人鸣鼓瓦缶相应，以浮白酬之。坐十丈外，泉濛濛洒，人不寒而栗。"

黑虎泉周围一带风景秀美，泉与亭台、楼阁、假山、流水相互辉映，明代被列为历下十六景之一，称为"岩畔飞泉"。明代大学者、山东巡抚胡瓒宗在游览过黑虎泉后，曾写下《过泉留题》诗称赞道："济水城南黑虎泉，一泓泻出玉蓝田。巨鳌伏地来河内，灵液流云到海边。杨柳溪桥青绕户，鹭鸶烟雨碧涵天。金汤沃野还千里，春满齐州花满川。"黑虎泉"清可鉴眉须"，小小的方池将四周的美景倒映其中。清人王培荀引用唐人周繇《到难》文中"碧澜之下，寸寸秋色"之语来称赞黑虎泉，他认为以此语"移赠此泉（黑虎泉），洵可无愧"。

明初，黑虎泉出水口处还不是石兽造型，陡崖之下是一深邃的凹形洞穴，穴前有苍然巨石，泉水从石下涌出。明代中后期在泉穴前修建了泉池，并安装了石雕兽首引水。清代刘鹗在他所著的《老残游记》中对黑虎泉有生动的描述："老残果然往外一看，原来就在自己脚底下有一个石头雕的老虎头，约有二尺余长，倒有尺五六的宽径。从那老虎口中喷出一股泉来，力量很大，从池子这边直冲到池子那边，然后转到两边，流入城河中去了。"老残眼中的石雕虎头名为"蚣蝮"，性喜水，古代多被用作大型建筑排水口的样式。黑虎泉池内的出水兽头最初只有一个，1931年8月整治泉池时又增置两个易为虎头样式的出水口，形成了今日三虎吐水的壮丽景观。民国时期的这次整治，源于整理小清河航运，扩大小清河上游水流。施工中，下挖了泉池石穴，扩建了泉池前的蓄水池。这次疏浚还曾于蓄水池东南又浚出一处新泉，突跃怒起，水势甚大。

黑虎泉崖上原有一始建于明代嘉靖年间的黑虎庙，所祭祀之神一说为身跨黑虎的正一玄坛元帅赵公明，一说为黑虎水神。明代大诗人王象春在《济南杂咏》中记载："城东有黑虎泉，俗传是水神，遂有庙祀。泉势冲突，妇女饮

黑虎泉

之轵瘿。余思：虎猛物害人，何以禋祀？盖泰山哭妇致感孔子，猛子虎者已处处得生祠，况黑公水神，敢独遗耶？余当瓣香作礼，祀其少戢搏噬，恕我残黎。"黑虎庙坐西面东，东西约有30米长，南北10多米宽。门里不大的前院内，靠街的南面和靠土崖的北边，各有3小间配殿，正面是硬山顶、前抱厦的3大间主殿，后院于黑虎泉洞穴之上也有配殿以及平房等。主殿内供奉的赵公元帅，黑面浓须，头戴铁冠，手执铁鞭，身跨黑虎，旁侧还有四神像。黑虎庙历经明清两代，香火一直都很旺盛，附近居民常去庙中祈求保一方平安。民国以后，黑虎庙逐渐颓圮，先后被改作为黑虎泉小学、文化馆、茶社。

南护城河一带，与黑虎泉齐名的还有一南珍珠泉，即今五莲泉（今南珍珠泉即20世纪60年代的溪中泉，位于五莲泉东北侧护城河中）。南珍珠泉是济南七十二名泉，曾被金《名泉碑》、明《七十二泉诗》收录，因别于今珍珠泉大院内的珍珠泉，故名"南珍珠泉"。南珍珠泉一名最早见于金代《名泉碑》，原位于济南府城内的"铁佛巷东"。明代，位于府城内的南珍珠泉壅淤，"莫辩其址"，遂将护城河东南的一处泉水（今玛瑙泉）命名为"南珍珠泉"。清乾隆年间，又将南门桥东侧、黑虎泉西侧的一处泉水命名为"南珍珠泉"，即今天泉址。清人范坰曾作有《南珍珠泉》诗，诗注云："池虽小于北珍珠，而水清珠涌，味极芳洌，视北为胜，且视诸泉为俱胜也。在他的眼里，南珍珠泉的水势及味道，要胜于珍珠泉，也胜于周边的其他泉水。

该泉在清代乾隆年间是一处深约2.5米的方池，"泉自沙际达于水面，如万斛珠玑，霏霏不绝。诸泉之观，此为最焉，味尤甘洌。"近代宋恕《观南珍珠泉》诗记载："池中小石乃可数，四份画三集浣女。"泉池到了清末变为四座，一池供人饮用，三池供浣衣之用。清末，这处泉池又分成五座泉池，据民国时期李子全《南珍珠泉及任泉记》记载："护城河南岸下，有方池五，周以石砌，水深数尺，东西排列，均属整齐，居东第二池内，泉珠滚滚，由底上腾，珠花连续，昼夜不断。"五池并列，故附近居民又俗称"五联泉"，20世纪80年代初命名为"五莲泉"也与此有关。

南珍珠泉最初在护城河的南岸，1964年拓宽南护城河河道时与堤岸分离，成为河中泉。1965年整修泉池，为四方平整的池岸，高出河面标高0.5米，泉水涌上池口，向四周漫溢，落于南护城河中，如同挂帘，市民称之为"玻璃泉""玻璃池子"。1983年，古南珍珠泉被正式定名为五莲泉。

四

济南府城内为珍珠泉泉群，过去有两大水源地，一处为城中的舜井（舜泉），泉水向北流淌，与珍珠泉、濯缨泉（今王府池）等泉水汇合为历水；一处为城西隅的孝感泉，汇合城西隅诸泉水形成孝感水。

济南古城舜井街有一口泉，名之为"舜井"，也就是相传大舜当年曾经逃生的那口水井。因为是处泉眼，也被人称为"舜泉"。

长久以来，人们认为这里是真正的舜井。据唐代《封氏闻见记·卷八》记载："齐州城东有孤石，平地耸出，俗谓之历山。以北有泉，号舜井。东隔小街，又有石井，汲之不绝，云是舜东家之井。"北宋《太平寰宇记》中也曾有载："舜井，（历城）县东百步，舜所穿之井也。"说得很明确，早在明府城建成之前的唐宋时期，人们早已将这眼舜井作为舜当年逃生之井。

这眼舜井非常有名，历代皆有名人吟咏。唐代魏炎曾于此题诗曰："齐州城东舜子郡，邑人虽移井不改。

舜井（摄于20世纪90年代）

时闻汹汹动绿波,犹谓重华井中在。"宋代曾巩曾做《舜泉》诗:"山麓旧耕迷故垄,井干余汲见飞泉。清涵广陌能成雨,冷浸平湖别有天。南狩一时成往事,重华千古似当年。更应此水无休歇,余泽人间世世传。"欧阳修则写有《留题齐州舜泉》:"岸时有而为谷,海有时而为田,虞舜已殁三千年。耕田浚井虽鄙事,至今遗迹存依然。历山之下有寒泉,向此号泣于旻天。无情草木亦改色,山川惨淡生云烟。一朝垂衣正南面,皋夔稷契来联翩。功高德大被万世,今人过此犹留连。齐州太守政之暇,凿渠开沼疏清涟。游车击毂惟恐后,众卉乱发如争先。岂徒邦人知乐此,行客变为留征轩。"元好问在《济南行记》中称:"水西亭之下,湖曰大明,其源出于舜泉。"被人认为是大明湖的源头,可见舜泉水势之大。

舜井也不全然是一直喷涌着的,早在宋代就曾经断流过,后来又恢复了喷涌。曾在齐州任兴德军掌书记的苏辙记述道:"始余在京师,游宦贫困,思归而不能。闻济南多甘泉,流水被道,蒲鱼之利与东南比,东方之人多称之……

舜井

既至,大旱几岁,赤地千里,渠存而水亡。问之,其人曰:'城南舜祠有二泉,今竭矣。'越明年夏,虽雨而泉不作,人相与惊曰:'舜其不复享耶!'又明年夏,大雨霖,麦禾荐登,泉始复发。民观曰:'舜其尚顾我哉!'泉之始发,潴为二池,酾为石渠,自东南流于西北,无不被焉。灌濯播洒,蒲莲鱼鳖,其利滋大。"接着,苏辙用白描的手法描绘了舜泉在沉寂了两年后重新喷涌的景象。

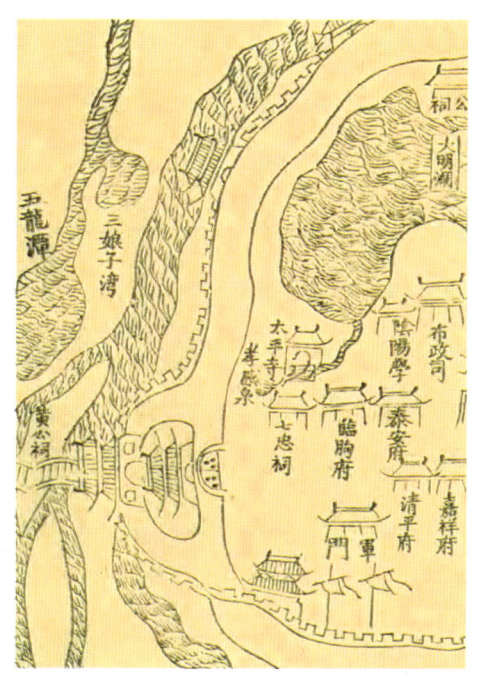

崇祯十三年(1640)《历城县图》中的孝感泉与太平寺

舜井街的这口舜井,长久以来一直是一处观光胜地。晚清小说家刘鹗在《老残游记》中写道:"次日六点钟起,先到南门内看了舜井,又出南门,到历山脚下,看看相传大舜昔日耕田的地方。"据民间传说,井里锁着一条蛟龙,大石板压着几扣手腕粗的铁链,将蛟龙锁在深井。20世纪40年代出版的《济南名胜古迹辑要》中曾记述过这处舜井:"舜泉在南门里舜井街,一名舜井,内有方井一,相传以神木制一蛟。"旧时,舜井前立有"龙虎护法"石碑,供有"圣井龙泉通海渊脉之神"的木主牌位。

舜井泉水向北流即为历水,是古代济南城内最重要的水道。按《三齐记》的记载:"历水,出历祠下,泉源竞发,与泺水同入鹊山湖。"历水源自于舜井,舜井之水通过地下渠道流出汇为溪水北去,即历水,水畔芦苇丛生,再向北与泺水汇合,流入济水。北魏郦道元《水经注·卷八·济水二》记载:"(历)水上承东城历祠下泉,泉源竞发。其水北流,迳历城东。又北,引水为流杯池，州僚宾燕，公私多萃其上。"唐人魏炎在诗中写道："窃向池中潜畎来，浇茆溪上平流去"。

在北魏时期，历水在今珍珠泉一带引水为流杯池。流杯池是曲水流觞之处，中古时期的北方民间有一个被祸祈福的节日，即重三上巳节（上巳，夏历三月的第一个巳日）。《论语》云："暮春者，春服既成，冠者五六人，童子六七人，浴乎沂，风乎舞雩，咏而归。"这一习俗后来演变为临水饮宴。魏晋以后、宋代以前，春禊成为一个重要的节日，民间多临水祓禊、宴会游。在济南，祓禊活动基本都在历水附近进行，因为历水是古城外、古郭内最大的水系，所以流杯池也建在历水附近。流杯池再北则分为两支，一支西北为历水陂，也就是今天大明湖的雏形，一支北出郭墙。

城西隅的孝感泉也是济南一处出现较早的泉池，北宋《太平寰宇记》中记载："孝感泉水，在县北门"，即后来明府城的西门东北。孝感泉为济南七十二泉之一，金代《名泉碑》、明代《七十二泉诗》、清代《七十二泉记》中均有著录。孝感泉水量充沛，泉池以石砌岸，长3.4米，宽2米，池岸自然石镌"孝感泉"三字，泉旁有清道光十六年（1836）立《建孝感泉碑》。当年孝感泉水在孝感寺内曲折环绕，自僧厨处流出。

古代的孝感泉，泉水淙淙，翠竹参参。清人有诗云："太平古寺府城西，孝感泉清竹影低。"清代以后，孝感泉水量骤减。20世纪60年代，孝感泉渐涸塞，泉水不再外流，蜷缩在汇泉饭店的后院。20世纪90年代初，兴建三联大厦时又移址重修泉池，后被埋入西门桥东北停车场下。

孝感泉北流，为孝感水。在明代之前，孝感水是济南城内重要的一条水道。据《太平寰宇记》记载："孝感水，在县北门。按《三齐记》云：'其水平地涌出，为小渠，与四望湖合流入州，历诸廨署，西入泺水。'……天宝六年，勅改为孝感水。"又云："四望湖，在县西二百步，其水分流入县城，至街中与孝感水合流，入州城，西出，四泉合流。"孝感泉水流经僧人厨房，复而流出墙外，自南向北穿过街巷民宅，与趵突泉、五龙潭流淌来的泉水汇合，再北又与历水分支汇合,共同流入济水。

20世纪50年代初期,孝感水还外流至小明湖(今位于大明湖西南门南面,启明街以东,寿佛楼后街以西,自南向北二百余米,后被掩埋)。20世纪60年代后水位下降,泉水不再外流。

五

在明府城尚未出现之前很长一段时间,泺水、历水支流及孝感水一同汇聚成为历水陂,也就是今日的大明湖。唐末宋初,泺水分支不再入城,历水及孝感水成为主要水源,将济南古城内的泉水源源不断地输送至城北,形成今天的大明湖水域。

今日的大明湖,其主要水源为城内珍珠泉泉群的泉水,包括舜井、珍珠泉、芙蓉泉、王府池子、雪泉等,有"众泉汇流,平吞济泺"之说。明天顺五年(1461)成书的《明一统志》中记载道:"大明湖源出舜泉,其大占府城三之一,由北水门出,与济水合,弥漫无际,遥望华不注峰若在水中,盖历下城绝胜处也。"湖水由北水门泻出,经护城河、东泺河流入小清河,再向东注入渤海。

历史上,大明湖曾先后名为历水陂、西望湖,金元时期始称大明湖。除了这几个正式名称,大明湖的别称、俗称也比较多,兹列举如下。

"明湖":系别称,多见文人引用。

大明湖汇泉寺(摄于20世纪40年代)

大明湖觉沤亭

最初见于宋代曾巩诗文,取湖水一片大明之意,但并不多用。明以降,多有文人把"大明湖"简称为"明湖"。清初文人笔记中多见使用,如王士禛等人诗文中就多用"明湖"一词。时至近代,仍有使用。

"西湖":本为大明湖宋时的旧名的简称,国人好古,又引"西湖"为大明湖的别称。明《山东通志》载:"大明湖在府城内西北隅,一名西湖。"刘敕《历乘》、顾祖禹《读史方舆纪要》均有此说。直至民国年间,济南人仍将"西湖"作为"大明湖"的别称。

"西望":"西望湖"为北宋时期大明湖的正式名称,后人怀古,多以此称之。

"北渚":"渚,小洲也。"也可作水中高地或岸边讲,原指古历下亭(按:古历下亭非今日之址)。"北渚"一词初见于唐杜子美《陪李北海宴历下亭》"北渚凌青荷"句,北宋熙宁五年曾巩于大明湖北岸高地建"北渚亭",后人多借"北渚"之名称呼大明湖。

"南湖"：亦作"南浦"，系别称，因旧时与北面的鹊山湖相对而名（非指近代大明湖的南湖部分）。此名始于唐代，如李白的《陪从祖济南太守泛鹊山湖三首》："水入北湖去，舟从南浦回。"这个称呼自宋以后便不多见，近代文人亦有引用。

"鹊山湖"：系别称，原指大明湖迤北的一片水域。其水亦称"莲子湖"，后渐湮没，明末即已"莫辨其地"（见《历乘》）。到了清代，文人常常用"鹊山湖"来称谓大明湖。此称多见于清人诗文、游记，如清康熙年间张元《同朱彝尊游大明湖》云："几年不到鹊湖头，又共携樽上小舟。"

"鹊湖"：借用"鹊山湖"之简称，见于明朝。

"莲子湖"：本为鹊山湖旧称，六朝时始有此称，清代文人多用此名称谓大明湖，诗文、游记中多有借用，如朱彝尊《题历下亭》"泛舟莲子湖"句、安丘张贞《夜泛莲子湖记》等。

当然，人们用得最多的，还是"大明湖"这一名称。

"大明湖"一名最初见于北魏地理学家郦道元所著《水经注》："其水（指泺水）北为大明湖。"当时的"大明湖"所指并不是今天的大明湖水域，而是指五龙潭、贤清泉一片水域。今天的大明湖水域，最初被称为"历水陂"，因由古历水所注且水浅得名，亦简作"陂"。唐代中叶以前，这片水域面积并不大，大致相当于今大明湖的西北角，水源分流自泺水、城内孝感水及历水。

"历水陂"作为大明湖的正式名称，自北魏一直沿用到北宋时期。北宋时，古大明湖改名为"四望湖"，"大明湖"一名遂废弃不用，今大明湖水域也有了一个新的名字——西望湖。宋神宗熙宁五年（1072），唐宋八大家之一的曾巩出任齐州知州。曾巩在济南修北水门、筑百花堤，分"陂水"为东、西两湖，故始有"西望湖"之名，亦简作"西湖"。当时常简作"西湖"一名，宋诗文中常见此说。曾巩曾作《西湖纳凉》一诗，诗曰："问吾何处避炎蒸，十顷西湖照眼明。鱼戏一篙新浪满，鸟啼千步绿阴成。虹腰隐隐松桥出，鹢首峨峨画舫行。最喜晚凉风月好，紫荷香里听泉声。"彼时水面辽阔，南到濯缨湖，北边有莲子湖，可乘船一直到鹊山、华山，是乘凉避暑的好去处。

曾巩在济南不到两年的时间里，整治西湖，并在湖周兴建了北渚亭、水香亭、芙蓉台、百花台、凝香斋等众多园林建筑，使大明湖成为一处园林胜景。曾巩围绕着大明湖，陆续建起了七座桥梁，它们不仅方便了湖周的交通，桥下的淙淙溪流恰似玉带串联着湖水和泉水，构成了湖泉交融的七桥风月。元代于钦所著《齐乘》中记载了这七座桥："环湖有七桥，曰芙蓉，曰水西，曰湖西，曰北池之类是也……今皆废矣。唯百花桥与泺源石桥仅存。"七桥风月是宋代以来大明湖的一大胜景，历代文人学士亦将它作为描绘、吟咏的题材。曾巩本人对七桥风月胜景更是念念不忘，他在《离齐州后》诗中表达了对大明湖及七桥风月那种难以割舍的眷恋心境："将家须向习池游，难放西湖十顷秋。从此七桥风与月，梦魂常到木兰舟。"如今，除鹊华桥外，宋代明湖七桥的确切位置已无从考证。

南宋时，"西望湖"重拾四望湖水域旧名，易名为"大明湖"，其称最早见于蒙古太宗七年（1235）秋七月元好问游济南时所作的《济南行记》一文。

大明湖历下亭岛（摄于清末）

画舫穿行大明湖

元好问在《临江仙·忆大明湖》这首词中写道:"荷叶荷花何处好?大明湖上新秋。红妆翠盖木兰舟。江山如画里,人物更风流。"看着济南的湖光山色,元好问心里想的是"日日扁舟藕花里,有心长作济南人!"自此以后,"大明湖"一直作为这片水域的正式地名沿用至今。济南在金、元二代虽然历经兵燹战乱,旧日胜迹不再,但大明湖一带园林景观仍有所建树。在这一历史时期,湖畔又新建起了北极庙、天心水面亭、超然楼、汇波楼等一批盛极一时的园林建筑。"园林美丽,堪悦心目,湖光山色,应接不暇"。

在明代长达二百多年的岁月中,大明湖园林景观建设进一步扩大,陆续修建了尹公亭、白雪楼(青萝馆)、水雨亭、云波亭、环波亭、瀛洲亭、涟漪园、芙蓉亭、烟雨亭、小淇园、问山亭等一大批园亭馆阁。自明代开始,大明湖有了"四怪"的说法——蛙不鸣、蛇不现、久旱不涸、久雨不涨。明末山左诗坛名家王象春在他所著的《齐音·大明湖》中记载道:"湖在城中,宇内所无,异在恒雨不涨,久旱不涸;至于蛇不现,蛙不鸣,则又诞异矣。"后该文又被清朝人收录在《历城县志》中,民间对此衍生了许多有趣的传说和故事。随着科学认知的不断进步,这些困扰着古人们的四大谜已被揭开谜底:

大明湖水巷中的画舫（摄于 1930 年前后）

因为大明湖是泉水汇聚而成，水温较低，不适宜水蛇生存，也不利于蛙类求偶（雄蛙常以鸣叫求偶），故而"蛇不现""蛙不鸣"；大明湖三面都是城墙，北水门处为出水口，当护城河水位低于大明湖时，大明湖向城外排水，当护城河水位高于大明湖时，就会关闭北水门，城外的洪水不至倒灌，故而"恒雨不涨"；至于"久旱不涸"，则是因为大明湖的湖底为质地细密的火成岩，致使湖水下泄较慢，加之城内有大量泉水作为补给水源，故大明湖总是保持有一定水位。

明末清初，连年战乱使湖畔的园林大都荒废。随着清朝政权的巩固，大明湖畔又出现了秋柳园、历下亭、铁公祠、佛公祠、张公祠、曾公祠等新的景观建筑。此时，大明湖有四大码头，即鹊华桥码头、司家码头、北极庙码头和历下亭码头。清代以后，大明湖中的水域被百姓分占，宽阔的湖面被分割成片片湖田。出现了"白莲数十顷，无闲地，种荷者以苇为界，舟行不能见花"的境况，清初诗文大家王士禛在《泛明湖记》感叹道："湖本空阔，势家规为塘堰，擅蒲藕之利，如围棋界道，如明镜著瘢。舟循港行，不复能溯洄上下矣。"这种情况，直到20世纪50年代兴建大明湖公园后才不复存在。

JINAN 济南故事

第五章

人文荟萃

公元504~508年间的某个夏天，出任齐州（济南）刺史的郑公悫带领宾客同僚在使君林避暑饮宴。使君林内溪流纵横，四周广植树木，林荫蔽日，是一处避暑胜地。郑公悫常在席间命人采摘刚刚冒出水面的新鲜荷叶，卷拢如盏，盛酒，将叶心捅破使之与叶茎相通，然后从茎管中吸酒，人饮莲茎，酒流入口中，"酒味杂莲气，香冷胜于水"，谓之"碧筒杯"。这既是自然野趣，也显示了古代文人的雅情逸趣。

文化，是一座城市的灵魂。济南明府城之所以出众，除去外在的自然之利，还在于蕴含的文化体征。正是因它的存在，才使这座城里的景观和历史得以鲜活、生动、长久。明府城里处处充满着人文气息，这并不是表层形态的拼贴和引用，而是带着浓厚的人文基因而来的，充分展现出济南这座历史文化名城的城市风貌和独特气质。

公元745年夏天的某日，34岁的杜甫在济南古历亭即席写下了《陪李北海宴历下亭》一诗，诗云："海右此亭古，济南名士多。"历下亭因杜甫的这首诗而闻名于世，名人雅士在园林中聚会也成了常态。边贡就曾骄傲地吟唱道："我济富山水，人称名士乡。"

——

兄友弟恭一直是儒家提倡的传统美德，这一点在宋代文学家苏轼、苏辙两兄弟身上，彰显到了可以立碑立祠的程度。苏辙是苏轼的弟弟，小苏轼两岁，18岁那年，苏辙与苏轼同科高中进士，一生为官。据史料记载，苏辙"幼从子瞻读书，未尝一日相舍。"少年时"从子瞻游，有山可登，有水可浮，子瞻未始不褰裳先之。"苏辙是高调的："自信老兄怜弱弟，岂关天下无良朋。"苏轼也曾说苏辙"岂是吾兄弟，更是贤友生"，"嗟余寡兄弟，四海一子由"。兄弟二人风神俊秀，芝兰同芳。

苏轼、苏辙兄弟一生宦游，40多年里，"不相见者，十尝七八"，多是凭借鸿雁传书，感慨离合。苏轼在杭州任期满后，因苏辙正任职济南，就请调山东密州，以图相邻。《沁园春孤馆灯青》这首词便作于此时，词前有小序："赴密州，早行，马上寄子由。"神宗熙宁九年（1076）十二月，任密州（治所在今山东诸城）知州已满两年的苏轼接到了改知徐州的任命，离开密州，赶赴徐州。第二年正月底，苏轼经潍州、青州第一次到了济南。当时苏轼的好友李常正在齐州知州任上，并赋诗相迎。一同迎接的，还有苏辙的三个儿子苏迟、苏适、苏元。苏轼未能在济南见到分别7年之久的弟弟苏辙，因为苏辙已于此前十月返京铨叙。但有三个侄子及好友相陪，苏轼仍是十分高兴。

二月初一这天，苏轼行经位于王舍人庄的张揆故宅，手书"读书堂"三字。不久后，当地人即据苏轼手书刻石为碑。该碑高四尺五寸，宽一尺九寸，字径一尺二寸，至元太宗七年（1235）元好问游济南时尚存。后来，该碑不知何故被埋入地下。

龙图侍郎张公名叫张揆，齐州历城人，进士出身，是北宋时期历仕三朝的重臣，熙宁七年（1074）去世，享年八十岁。那一年，苏辙初任齐州掌书记，参加过他的葬礼并写有挽诗。尽管正史上没有详细介绍苏家与张家的交情，但苏氏兄弟的题字和挽诗足以说明，他们对张老先生的景仰和敬重。范纯仁、王临先后知齐州事时，均有诗镌碑立于堂前。读书堂在当时成为人们瞻仰的处所，足见张氏兄弟名重当时。

苏 轼

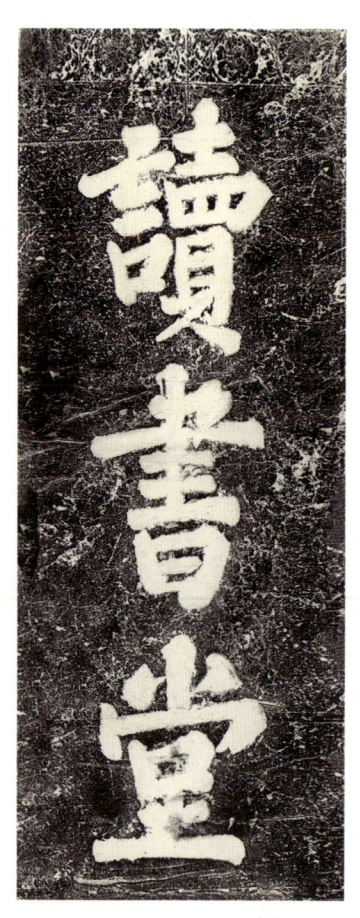

《读书堂》原碑拓片

明万历初年，王舍人村民在修房挖宅基的时候挖出了"读书堂"碑，后被运到明府城里的历城县学，作为镇庙之宝立于县庠桥门外，后又被移进县学文庙大成殿内。历城县学位于县学街，明成化十四年（1478），县文庙和儒学迁到五喇嘛巷，不久之后，这条街也就改为"县学街"。苏轼手书"读书堂"碑在县学文庙安稳地呆了400年。20世纪60年代，历城县学文庙已经成为县学街小学，在扩建操场时，县学文庙大成殿被拆掉以腾空间，"读书堂"碑不知所踪。

在李常的挽留下，苏轼在济南盘桓了一个多月。此次济南之行给苏轼留下了很深的印象。他在作于哲宗元祐二年（1087）的《将至筠，先寄迟、适、远三犹子》一诗中，曾深情地忆及此次济南之游："忆过济南春未动，三子出迎残雪里。我时移守古河东，酒肉淋漓浑舍喜。"直到熙宁十年（1077）二月底，苏轼、苏辙兄弟二人才得以在澶濮之间（今河南濮阳）重逢。

苏轼是来济南看兄弟的，苏辙则是来济南看山水的。

来济南是苏辙由来已久的愿望，他曾说道："始余在京师，游宦贫困，思归而不能。间济南多甘泉，流水被道蒲鱼之利，与东南比，东方之人多称之。会郡从事阙，求而得之。"于是，宋神宗熙宁六年（1073）夏，时年35岁的苏辙由陈州（治所在今河南淮阳）学官改任兴德军（治所在今济南）掌书记。苏辙因慕济南甘泉流水而来，可是当他初到济南时，却正赶上齐州"大旱几岁赤地千里，渠存而水亡"。加之齐州灾民遍野、强盗四起，社会秩序很不安定。

苏辙一来到任就忙得不可开交。

苏辙在齐州任掌书记期间，齐州的前后三任知州皆姓李。苏辙在济南的三年与三任李姓知州相处得十分愉快。

第一位是李师中，字诚之，宋应天府楚丘（今山东曹县）人，熙宁六年（1073）九月由登州改知齐州。李师中也十分喜爱历下的"山川泉石之胜"，甚至有"复老于此"的想法。李师中在齐州知州任上待了不到半年，就于熙宁七年（1074）二月移知河间（今属河北）。担任齐州知州的时间虽然不长，却也颇有惠政。这一年，苏辙的幼子苏远在历下出生。因适逢寅虎年，苏辙为其取乳名为"虎儿"。正在赴密州知州任途中的苏轼听说此事后，立即作《虎儿》诗一首为贺。苏辙接到苏轼的诗之后也作了《和子瞻喜虎儿生》一诗相和。

李师中之后，天章阁待制、右谏议大夫李肃之继任齐州知州。李肃之，字复古，濮阳（今山东郓城北）人，是宰相李迪之侄。因在平定岭南侬智高之乱中颇有战功而升湖北转运使，后又以过而左迁知齐州。李肃之担任齐州知州的时间较长，亦颇有政绩。城东的闵子祠，府城西门外的泺源石桥，都是在李肃之任上修建完毕的。熙宁九年（1076）二月，李肃之因病辞官。

不久，苏辙昔日在制置三司条例司的同事李常继任齐州知州。李常，字公择，建昌（今江西南城县）人，熙宁初年曾为制置三司条例司检详官，却极力反对王安石的新法。李常是苏辙的同乡，他乡遇故友，苏辙自然感到十分欢喜。公务之余，苏辙经常和李常结伴出游，汲泉煮茶，吟诗应和，相从甚欢。

苏辙在齐州任掌书记期间，留下的诗文数以百计，其中题咏济南风物的诗歌作品多达数十首。苏辙曾于初春徜徉在大明湖畔，兴致勃勃地看农人踏藕："春湖柳色黄，宿藕冻犹僵。翻沼龙蛇动，撑船牙角长。清泉浴泥滓，粲齿碎冰霜。莫使新梢尽，炎风翠盖凉。"也曾在炎热的夏季泛舟于湖水之上，饶有兴趣地观看渔人捕鱼："西湖不放长竿入，群鱼空作淘河食。渔人攘臂下前汀，荡漾清波浮两腋。藕梢菱蔓不容网，箔作长围徒手得。逡巡小舟十斛重，踊跃长鱼一夫力。柳条穿颊洗黄金，会缕堆盘雪花积。烧薤香橙巧相与，白饭青蔬甘莫逆。食罢相携堤上步，将散重煎叶家白。人生此事最便身，金印垂腰定何益。"还曾在秋季煮食采自湖中的芡实："芡叶初生绉如谷，南风吹开轮脱縠。紫苞青刺攒猬毛，水面放花波底熟。森然赤手初莫近，谁料明珠藏满腹。剖开膏液尚模糊，大盎磨声风雨速。清泉活火曾未久，满堂坐客分升掬。纷然咀嚼惟恐迟，势若群雏方脱粟。东都每忆会灵沼，南国陂塘种尤足。东游尘土未应嫌，此物秋来日尝食。"苏辙和曾巩一样，将自己对历下山水的喜爱之情毫无保留地倾注在了诗句中。以至于清代大诗人王士禛在读了苏辙诗作之后，禁不住感叹道："其于吾州亦不薄矣。"

北宋神宗熙宁九年（1076）十月，苏辙结束了自己在济南三年多的宦居生活，离开济南赴京，等候吏部铨叙。两年后，"乌台诗案"苏轼罹祸下狱，苏辙倾其所有，上下打点。苏轼得救后，苏辙与兄同遭惩治，被贬官外放。公元1097年，苏轼被贬谪到海南儋州，苏辙被贬谪到广东雷州。五月十一日，两人相约于广西滕州见面。这一年，苏轼60岁，苏辙58岁。六月十一日，兄弟二人分手作别，直至苏轼五年后病殁常州，再无缘相见。

二

1235年秋，元好问在一幅画上题写了这样一句诗："平生鱼鸟最相亲，梦寐烟霞卜四邻。羡杀济南山水好，几时真作卷中人。"济南钟灵毓秀，山、泉、湖、河、城浑然一体，就难怪他"有心长做济南人"了。

元好问（1190~1257），字裕之，号遗山，忻州秀容（今山西省忻县）人，金宣宗兴定五年（1221）进士，但未就选，金哀宗正大元年（1224）中宏词科，授儒林郎，权国史院编修官，留官南京（今河南省开封市），后历任镇平、内乡、南阳县令；天兴元年（1232）擢尚书省掾，后升任左司都事，转任尚书省左司员外郎；金亡后不仕。元好问才雄学赡，是金元之际著名的文学家和史学家。

元好问与济南有缘，据其《济南行记》自述："予儿时从先陇城府君

（即其叔父元格）官掖县，尝过济南。"元好问出生后7个月，即被过继给其叔父元格而到过济南。但当时的元好问年仅5岁，济南之行并未给他留下记忆。他也不无遗憾地说："然但能忆其大城府而已。"对济南美景没有清晰的记忆，元好问一直引以为憾，"长大来，闻人谈此州风物之美，游观之富，每以不得一游为恨"。

蒙古太宗七年（1235）夏，元好问来到了向往已久的济南城外，距元好问初游济南时已经过去42年。

元好问

元好问这次到济南，是应在济南任漕司从事的李辅之邀请而来。在路经齐河时，元好问又邀上了其好友杜仁杰同行。到济南后，李辅之和同僚权国器在位于济南府署后的历下亭故基设宴置酒，为元好问和杜仁杰接风洗尘。当时的济南刚刚经历了金末二十年的战乱，许多名胜古迹都毁于战乱，许多高甍画栋不复其旧，"惟有荆榛瓦砾而已"。但即使这样，其"天巧具在，不待外饰而后奇也"，而且当时大明湖"秋荷方盛，红绿如绣"，使元好问禁不住发出了"大概承平时，济南楼观天下莫与为比"这样的感叹。

此后的十几天里，元好问在进士解飞卿的陪同下游遍了济南的名山胜水。单是济南泉水，元好问便数次寻访，流连忘返。他曾一连游览趵突泉六七次之多，还答应了高道士的挽留，在金线泉畔的灵泉庵内住宿三晚。留宿灵泉庵，为的是看到传说中"泉浮金线"的奇观。他不厌其烦地在金线泉边徘徊三四日，只为一见泉浮金线，可惜"竟不见也"。杜康泉当时已经湮没，但当听说有人知道旧址所在，元好问还是兴致勃勃地前往。他饶有兴趣地记录道："泉在舜祠西庑下，云杜康曾以此泉酿酒。有取江中冷水与之较者，中冷每升重上者二十四铢，此泉减中冷一铢。以之沦茗，不减陆羽所第诸水。"他到张舍人园亭内观赏了珍珠泉，并感叹其友雷渊20年前所作的《济南珍珠泉》一诗为工。他在友人的陪同下，两次泛舟大明湖，在北渚亭远眺匡山、药山、鹊山、华不注山诸山，并与友人在历下亭怀古分韵赋诗。

元好问这次在济南住了20天，几乎遍游了济南的名山胜水，"前后所得诗凡十五首"。清初王士禛曾说："元好问济南题咏，尤多而工。"在《济南杂诗》中，随处可见元好问对济南美景的赞叹和对济南生活的向往——"看山看水自由身，着处题诗发兴新。日日扁舟藕花里，有心长作济南人。"此外，元好问还作有长篇游记《济南行记》，详细记述了其此次济南之行的行程、交游、见闻和感受。

离开济南三年后，元好问依旧对济南的风景念念不忘。在《鹧鸪天·莲》一词中，元好问再次表达了想重游济南、和故友重泛舟大明湖的愿望："何时北渚亭边月，狼藉秋香拂画船。"七言古诗《天涯山》中也有"东州死爱华不注"这样直白深情的句子。元好问对济南的喜爱是"露骨"的。

因元好问的这种挚爱之情，济南还流传不少关于元好问的故事。清《趵突泉志》中就记载了一篇元好问泉畔梦仙的故事：话说八百年前的一天，元好问在太原街头闲逛，一长须飘洒、身背宝剑的道人突然上前邀请他一同饮酒就餐。元好问生性好交游，自然不加推辞。推杯换盏中，两人谈得甚是投机。道人自我介绍说，他就住在天下闻名的趵突泉边，那里景色宜人，并邀元好问一同前去游历。元好问答应说，将来有机会一定前往，与道人临泉对饮。数年后，元好问途经济南时，乘兴来游趵突泉，此时他已经忘记了先前与道人的约定。游玩之余，便在泉边小憩。迷迷糊糊中看见当年的长须道人走到跟前问他："太原一别，已经这么多年了。你是不是已经忘了我们当初的约定。为什么到了我的家门口还不来和我见面叙旧呢？"元好问顿觉诚惶诚恐，正想答话，不料猛然惊醒，这才想起当年和道人相约一事。随后起身来到旁边的殿堂中，赫然发现座上供奉的吕洞宾正是当年在太原见到的长须执剑道人。因此，他在趵突泉边重建了吕祖庙。

这个故事有诸多版本，明清时期曾在济南广泛流传，后代诗人也多有题咏。如明诗人王象春赋诗曰："回老犹能恋此乡，远时相约近时忘，黄粱未熟人生醒，可是泉香是米香。"清代诗人所题的绝句："曾向名泉唱楚辞，何人改建吕公祠。泺源堂上尘心远，记取遗山入梦时。"

也有另外一种说法，故事的主人公以及重建吕仙祠的人并非元好问，而是明代的山东巡抚李戴。李戴，字仁夫，号对泉，河南延津城里东街人，嘉靖辛酉（1561）举人，隆庆二年（1568）进士，万历十四年（1586）二月至万历十七年六月任山东巡抚。据说，李戴中举前曾遇见一道人，相约日后于济南相见，及至李戴任山东巡抚，看到趵突泉吕仙祠内的塑像正是当年道人的样子，于是重修吕仙祠。李戴晚年好道，真的成为道教全真派弟子，道号"真明"。直到清代，吕仙祠大殿柱子上仍悬挂着一副对联："胜池自逢开府辟，仙人原为对泉来"，所讲的就是这个故事。李戴在山东有德政，他离任多年后山东"父老犹称颂不衰"。其从孙任山东按察使司佥事时，曾"捐资百金"，在吕仙祠修建了一所李公祠。

这座吕仙祠始建于元朝初年，正是元好问来济南的前后。当时，道教全真派曾在山东广泛流传，黄冠们在趵突泉北岸建起了一座吕仙祠，供奉全真道祖师吕洞宾。吕仙祠前是趵突泉，提到趵突泉，那就要提起另一位对济南风景几近痴狂的人了。

三

"浙江之潮，天下之伟观也。自既望以至十八日为最盛。方其远出海门，仅如银线；既而渐近，则玉城雪岭际天而来，大声如雷霆，震撼激射，吞天沃日，势极雄豪……"这段文字想必大家都很熟悉，文章名为《观潮》，是南宋著名词人、文学家周密所著《武林旧事》中的一节，被选入语文课本。这篇文章短小精悍，描绘了钱塘江大潮奇特、雄伟、壮观的景象，抒发了作者钟情山水的真挚情感。

其实，周密最想见到的并非"浙江之潮"，真正令他魂萦梦绕的是他所从未见到过的济南山水。

周密，字公谨，号草窗，又号霄斋、萍洲、萧斋，晚年号弁阳老人、四水潜夫、华不注山人。周密是没有到过济南的济南人，其曾祖父周秘仕为御史中丞，于靖康之难后随宋高宗南渡，落籍吴兴（今浙江湖州），置业于弁山之阳。周密的父亲周晋，字明叔，号啸斋，曾任富春县令。周晋工词能文，"常与学者名流载酒论文，清弹豪吹，笔砚琴樽之乐，盖无虚日。"（周密《萍洲渔笛谱》）。周密就是在这种浓厚的文化氛围中出生并成长起来的。

周密生于宋理宗绍定五年（1232），殁于元成宗大德二年（1298）。周密传承家教，风雅倜傥，天赋过人。他擅长诗词，作品格律严谨、典雅浓丽，又善书画，精鉴赏，谙音律。就是这样一位才华横溢的人，却生不逢时，仕途侘傺。周密30岁时充作临安府的幕僚，34岁为两浙运司掾属，43岁监丰储仓，45岁时才成为义乌县令。刚做了县令没几天，元军攻破临安城，宋亡，周密遂归隐湖州。周密家藏图书极富，曾在吴兴家中建藏书楼"书种堂""志雅堂""浩然斋"，自称：家有三世积累，凡有书42 000余卷及三代以来金石之刻1 500余种。弁山家破时，周密家中所藏金石书画荡然无存。第二年，依附于其内弟杨大受，移居杭州癸辛街，从此遁迹不出。一直到周密谢世，20余年间孜孜矻矻，著述繁富，将其抱负与隐衷都寄托其中。周密著作等身，著有诗词集《草窗旧事》《萍洲渔笛谱》《云烟过眼录》《浩然斋雅谈》等，编有《绝妙好词》，还有《武林旧事》《齐东野语》《癸辛杂识》等笔记体史录行世。周密的著作有40余种，流传至今的尚有20余种。

周密盛负词名，曾与张炎、陈恕、李居仁等结社唱和，为南宋末年骚雅词派领袖。他的词作结构缜密，融会姜夔、吴文英两家之长，清妙明赡、婉雅空灵，形成了典雅清丽的词风。清人戈载评论周词："草窗词尽洗靡曼，独标清丽，有韶倩之色，有绵渺之思，与梦窗旨趣相侔，二窗并称，允矣无忝。"同

赵孟頫为周密绘制的《鹊华秋色》图

他的散文小品一样,周密的词体物细腻,最善于写景。对于这一点,郑振铎曾分析说:"因为词的一体,到了张炎、周密之时,已经凝固了,已经是登峰造极,再也不能前进了,只能在咏物寓意上用功,只能以'意内言外'的作风为极则。"所以周密的150多首词中寄兴托喻的占了非常大的比例。

周密身经国亡家破,目睹民生涂炭的惨痛,悲愤难平。这种情感,我们从周词的压卷之作《一萼红·登蓬莱阁有感》中可窥其一二:

步深幽,正云黄天淡,雪意未全休。鉴曲寒沙,茂林烟草,俯仰千古悠悠。岁华晚,飘零渐远,谁念我、同载五湖舟?蹬古松斜,崖阴苔老,一片清愁。

回首天涯归梦,几魂飞西浦,泪洒东州。故国山川,故园心眼,还似王粲登楼。最负他,秦鬟妆镜,好江山、何事此时游!为唤狂吟老监,共赋消忧。

据王沂孙《淡黄柳》词序:"又次冬(1276)公瑾自剡还,执手聚别……敬赋此解。"该年正月元兵入杭州,宋室以亡。在故国沦亡时,周密登临杭州的蓬莱阁,感慨万千。

正因为周密深怀这种亡国之痛,所以始终抱有恢复故土的强烈愿望。他的《齐东野语》成书时宋已亡十余年,且多记南宋事,而以"齐东"命名,并

赵孟頫（清·叶衍兰绘）

在书中自署"历山周密""华不注山人"，他通过这种方式来缅怀北国故乡。就如其父周晋对他说过的："先公尝言，我虽居吴，心未尝一饭不在齐也，岂其子孙而遂亡齐哉。"正是周密这种家传的对故乡炙热的情感，直接促成了赵孟頫传世名作《鹊华秋色》图及《趵突泉》诗帖的诞生。

赵孟頫（1254~1322），字子昂，号松雪道人、水精宫道人，宋太祖十一世孙。宋末时为真州司户参军，宋亡入元后，授兵部郎中，又历任浙江等地学提举，后官至翰林学士承旨。赵孟頫尤以书法和绘画成就最高。在绘画上，他开创元代新画风，被称为"元人冠冕"；赵孟頫的书法结体严整、笔法圆熟，书风遒媚、秀逸，与欧阳询、颜真卿、柳公权并称"楷书四大家"。《鹊华秋色》图及《趵突泉》诗帖，一画一书，都是赵孟頫为周密创作的。

周密很喜欢交朋友。杭州、湖州、嘉兴等地是鉴藏风气很浓厚的地区，他与有共同嗜好的人经常雅聚谈书论画，形成了一个颇具影响力的鉴藏圈子。在这个圈子里，周密认识了比他小22岁的赵孟頫。赵孟頫除了在北方为官，大部分时间都在家乡活动，他与周密相识于入元之前。周密擅长诗词，也擅长书画，对书画的共同爱好把这两人联结起来，虽相差二十多岁，却如知己相待。赵孟頫对周密以"德翁"相称，两人经常往来唱和。传世的有赵孟頫《部中暮归寄周公谨》（两首）："日暮空街生白烟，知来羸马不胜鞭。明朝又逐鸡声起，孤负日高花影眠。""三年谩仕尚书郎，梦寐无时不故乡。输与钱唐周老子，浩然斋里坐焚香。"

元朝贞元元年（1295）春夏间，赵孟頫任满同知济南路总管府事，奉召进京后又称病辞官，回到了故乡吴兴。从济南回到了家乡的赵孟頫，见到了远离家乡济南在吴兴隐居的周密。赵孟頫时常向周密赞美济南的优美风光，这严重勾起了周密压抑已久的思乡之情。对于济南的山水形胜，周密越问越细，一直问到赵孟頫词穷。赵孟頫干脆一不做二不休，把济南风光画出来赠予友人，于是就有了举世闻名的《鹊华秋色》图。赵孟頫在画中题款道："公谨，父齐人也。余通守齐州，罢官来归，为公谨说齐之山川。独华不注最知名，见于左氏，而其状又峻峭特立，有足奇者，乃为作此图。其东则鹊山也，命之曰鹊华秋色云。"

赵孟頫将《鹊华秋色》图赠给周密，周密死后流出周家。明代相继为文徵明、文彭父子收藏，后又转到明代书画收藏家项元汴手中；

项元汴之后，又为宜兴吴之矩收藏；继而为山东胶州张若、张应甲父子收藏，未几又为书画收藏家宋荦所有；后辗转为纳兰明珠所得，传给其子纳兰性

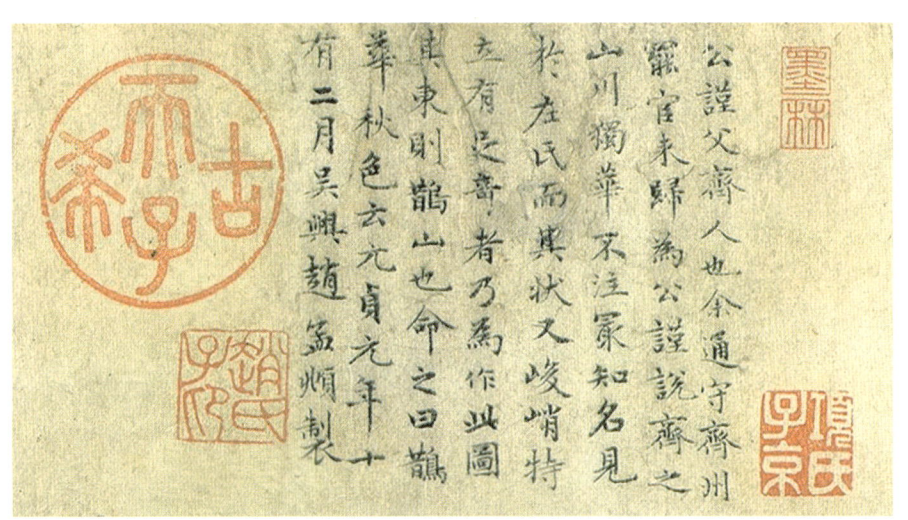

赵孟頫在《鹊华秋色》图上的题词

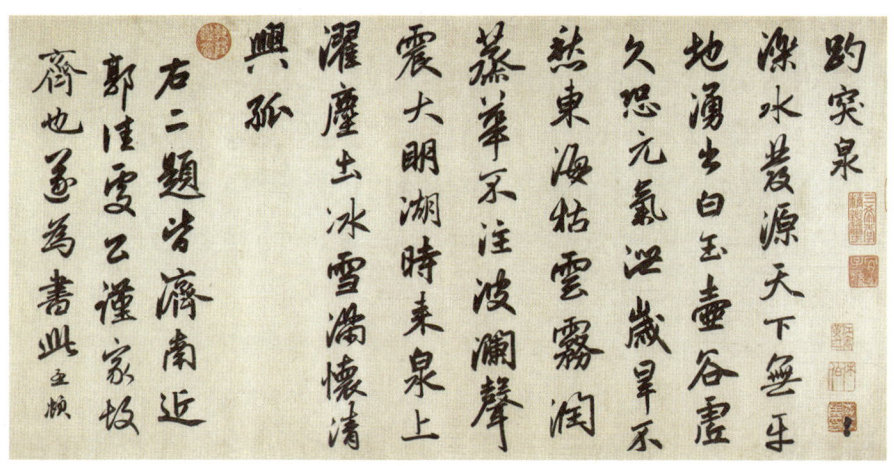

赵孟頫书《趵突泉》诗卷

德；从纳兰性德手里，又落入收藏家梁青标之手，梁青标将此图献归内府收藏。乾隆皇帝非常喜爱《鹊华秋色》图，视为珍玩，题大字"鹊华秋色"于引首，并题跋九则。1748年，乾隆东巡途经济南，还专程登上城墙观看"鹊华秋色"。他发现赵孟頫《鹊华秋色》图中有处细节不实：赵题中说华山"其东则鹊山也"写错了，正确的应是"其西则鹊山也"，赵孟頫"一时笔误欤"。或许，这个笔误早已在450年前被周密发现，但对周密来说，在东在西没有差别，济南的山水一直都在他心里。

同样装在周密心里的，还有一首《趵突泉》诗："泺水发源天下无，平地涌出白玉壶。谷虚久恐元气泄，岁旱不愁东海枯。云雾润蒸华不注，波澜声震大明湖。时来泉上濯尘土，冰雪满怀清兴孤。"《趵突泉》诗帖写于赵孟頫为周密作鹊华秋色之顷，最晚不超过周密卒年之前。一山、一水、一图、一文，赵孟頫竭尽所能，缓解了周密那浓烈的乡愁。三年后，周密在对济南山水的憧憬中死去，年六十七岁。

世事沧桑，物换星移。如今，《鹊华秋色》图及《趵突泉》诗帖都如周密一样远离故土,保存在台北"故宫博物院"。而那个生活在南宋的周密,却常常被济南人所提及,永远地"生活"在了济南。

四

山郡逢春复乍晴,陂塘分出几泉清。

郭边万户皆临水,雪后千峰半入城。

这首诗作于清顺治十二年(1655),描写的是明府城初春的景色。前两句写济南初春雪后乍晴以及泉眼之多。"山郡"点明济南是一座群山环绕的城市;"逢春"和"乍晴"是交代诗的具体形象所赖以产生的节候。续句"陂塘分出几泉清",写出了泉城济南的特色。"郭边万户皆临水",是描写大明湖、护城河、趵突泉一带的特殊景观,民户鳞次栉比,傍水而居。最后"雪后千峰半入城"句,是渲染春天乍降时,山郡济南所见。清人刘凤诰曾有一联语曰:"一城山色半城湖","千峰半入城"较之"一城山色"更有别趣。这首七绝四句纯然写景,不露声色,景中饱含深情,情景交融,极富情致。无论是"逢春复乍晴"的好天气,还是潺潺而流的清泉,以及湖水中倒映的"雪后千峰"等,都蕴含着诗人对济南初春的审美喜悦和迷恋的情韵。这首诗的作者,名叫王士禛。

王士禛

王士禛（1634~1711），字子真、贻上，号阮亭，别号渔洋山人，清代济南府新城县（今淄博桓台）人。后世因避雍正皇帝胤禛讳，改"士禛"为"士正"，乾隆年间诏改"士祯"，补谥文简。王士禛出身于书香门第、官宦人家，累官至刑部尚书。他从政之余勤于著述，一生著有36种560多卷，有《带经堂集》《渔洋诗文集》等传世。他独创诗论"神韵"说，主盟诗坛半个世纪之久，被誉为"一代诗宗""文坛领袖"，是我国文学史上著名的诗人。顺治十二年（1655）初春时节，他的长兄王士禄要去京师参加殿试，三哥王士祜到京师参加太学生廷试，他则要到京师参加会试。于是，三人同赴京师。在赴京途中，这位诗人路过济南，因在府城内看到山秀水明的景致，心中十分喜悦，便即兴写下这首七绝。这一年，王士禛19岁。

两年后，即清顺治十四年（1657），王士禛会诗友于大明湖水面亭（时在历下亭南）。时值初秋，湖畔垂柳，叶始微黄，若有摇落之感，王士禛身置其中，浮想联翩，乃赋《秋柳》诗四章：

秋来何处最销魂，残照西风白下门。他日差池春燕影，只今憔悴晚烟痕。愁生陌上黄骢曲，梦远江南乌夜村。莫听临风三弄笛，玉关哀怨总难论。

娟娟凉露欲为霜，万缕千条拂玉塘。浦里青荷中妇镜，江干黄竹女儿箱。空怜板渚隋堤水，不见琅琊大道王。若过洛阳风景地，含情重问永丰坊。

东风作絮糁春衣，太息萧条景物非。扶荔宫中花事尽，灵和殿里昔人稀。相逢南雁皆愁侣，好语西乌莫夜飞。往日风流问枚叔，梁园回首素心违。

桃根桃叶镇相怜，眺尽平芜欲化烟。秋色向人犹旖旎，春闺曾与致缠绵。新愁帝子悲今日，旧事公孙忆往年。记否青门珠络鼓，松枝相映夕阳边。

大明湖的秋柳

四首诗写秋柳的摇落憔悴，从而感叹良辰易逝，美景难留。全诗辞藻妍丽，造句修整，用曲精工，意韵含蓄，风神高华，境界优美，咏物与寓意有机地结合在一起，有着极强的艺术感染力。更叫人叹绝的，是全诗句句写柳，却通篇不见一个"柳"字，表现出诗人深厚的艺术功底。因此为一时绝唱，大江南北和者甚众，风靡一时，"几为文字之祸"。

据诗人后来追忆道："顺治丁酉秋，予客济南，诸名士云集明湖。一日会饮水面亭，亭下柳千余株，披拂水际，叶始微黄，乍染秋色，若有摇落之态。予怅然有感，赋诗四章。"人们把他在湖岸读书的地方称为"秋柳园"。后来，文人雅士在这里成立了"秋柳诗社"，并建馆舍多间，观柳赏荷，即兴赋诗，挥笔联句，步韵唱和，颇具盛名。清代文人朱照作诗记述："数椽馆舍明湖侧，后辈人传秋柳章。"

天心水面亭也是济南府城的一处名胜所在。天心水面亭是一临水建筑，

复建的秋柳园

亭名取自宋代邵雍诗句"月到天心处，风来水面时"。亭始建于天历三年（1330）春，为元代大学士李洞所建，当时位于元代所建的超然楼附近。李洞（1274~1332），字溉之，山东滕州人，生而颖悟，文思俊逸，授翰林国史院编修官。泰定（1324~1328）初，除翰林待制。天历（1328~1330）间，迁翰林直学士，继而特授奎章阁承制学士，参加《经世大典》的修纂。书成后，引疾告归，侨居于济南大明湖畔之超然楼。

元翰林直学士兼国子祭酒虞集曾奉元文宗图帖睦尔之命作《天心水面亭记》，文中记述了天心水面亭筑建之始末："天历三年春，臣（虞）集、臣（李）洞、臣（柯）九思，得侍清闲之燕，论山川形胜。臣九思曰：'济南山水似江南，殆或过之。'臣洞之居在大明湖上，壅土水中而为亭，可以周览其胜，名之曰"天心水面亭"，可想见其处矣。"

对于李洞所筑建的天心水面亭周边的景致，时人曾以"二分明月"加以盛赞。所谓"二分明月"这句成语原本用于形容扬州繁华昌盛的景象，语出唐徐凝《忆扬州》诗："天下三分明月夜，二分无赖是扬州。"人们用以比喻大明湖中天心水面亭四周美好的风光。虞集曾作《题李溉之学士湖上诸亭诗五首》，对其景色倍加赞赏，并予以咏颂。张养浩于元英宗至治二年（1322）退隐济南后，也曾游览过天心水面亭，并赋诗曰："放眼乾坤独栏，古今如梦水云间。南山也解留连客，直送岚光到坐间。"令人叹惋的是，元代的这座天心水面亭随着时光的流逝早已荒废。

明代初年，有人在大明湖南岸另建一座水面亭，亦称"天心水面亭"。清人董芸在《水面亭》注文中云："亭在鹊华桥下，北临湖水"。据此，该亭在大明湖南岸、鹊华桥迤北。明人刘敕在《历乘》中记述该亭："楼台轩敞，绚然于湖水之湄，榜曰'湖山嘉境'。倚栏南望，乱峰入云，青林翠竹，五色交辉；北则垂杨袅袅，鹊华出树杪丈许，光景恍惚，隐隐如画图中。"因乘船可"荡漾于万荷之中，骚首弄波，寒香沁肺；沉鳞竞跃，目怡心怡"，故而被明代人列为"历下十六景"之一，称为"荷香北渚"。又据清康熙《山东通志》记载："明建文时，铁尝犒军于此。"明代靖难之役期间，铁铉曾经常在此犒劳守城将领。

有清一代，水面亭深得文人们的青睐，王士禛即景赋《秋柳》诗四首即在这里。清代蒲松龄《聊斋志异》中有一篇题为《寒月芙蕖》的小说，也发生在水面亭。它通过一位有"奇术"的道士在水面亭宴请济南地方官吏时，大展他的"奇术"，使来客们在严寒的冬天里能见到大明湖湖面上荷花弥望、万枝千朵的故事，间接反映了清代水面亭附近荷花艳丽开放时的绮丽景观。

王士禛与蒲松龄的交集远不止于水面亭。康熙年间，他诗名扬天下，官位也不断迁升，成为清初文坛公认的盟主。一时间，诗坛新人、文坛后辈到京城求名师指点作品，往往首先拜见王士禛，如能得其一言片字褒奖，就会声名鹊起。蒲松龄是落拓不第的文人，《聊斋志异》也久不被世人认识，当蒲松龄找到王士禛时，王士禛"加评骘而还之"，还赠诗蒲松龄："姑妄言之妄听之，豆棚瓜架雨如丝．料应厌作人间语，爱听秋坟鬼唱诗。"为了让《聊斋志异》出版，王士禛在该书上大书"王阮亭鉴定"，使得各家书坊争相求索书稿，刊

历下亭大门，右侧"历下亭"碑为乾隆所书

刻《聊斋志异》"以为荣"。

水面亭至康熙三十二年（1693）大明湖重建历下亭后就已逐渐废圮，到了道光年间则已完全荒废，诗人范坰在其诗作中无奈地写道："天心水面古亭荒，曲岸疏篱藕芰香。却向百花洲上望，满湖秋柳忆渔洋。"

五

300多年前，当蒲松龄不断往返济南和蒲家庄之间。300年后，我们不会空说蒲松龄，至少明府城还在，大明湖还在，他游览过的美景也都在。

蒲松龄（1640~1715），生于明末，卒于清初，字留仙，一字剑臣，室名聊斋，别号柳泉居士，世称聊斋先生，清代杰出文学家。山东淄川（今淄博市淄川区洪山镇）蒲家庄人，自幼聪慧好学，早岁有文名。19岁应童子试，以县、府、道三考皆第一而为山东学政、著名诗人施闰章赏识，声名大振。补博士弟子员，此后屡试不第，71岁时才成为贡生。

蒲松龄是淄川人，清初的淄川是济南府管辖的一个属县。蒲松龄一生中经常来往于家乡淄川和省府济南之间，科举不得志的他从弱冠之年赴济参加童子道试起，几乎三年复三年地来此科举应试，而每年例行的岁考或科考，也需要风尘仆仆地赶赴济南。他走遍了济南府的大街小巷，怀有着浓浓的济南情结。屡试不中，使济南成了他的伤心地。然而，济南的风光美景又给了他无穷的乐趣。

在诸多的济南名胜中，大明湖是蒲松龄最常来的地方，他对大明湖似乎情有独钟。这从他笔下与大明湖和历下亭相关的诗文小说数量上，就可窥见一二。

康熙十七年（1678），蒲松龄到济南参加山东乡试落榜后，曾经和安丘李文贻同泛大明湖，并作有七律两首，以抒发其心中失意之苦。康熙四十四年（1705）三月，蒲松龄做客历下期间，也住在大明湖边，其《客邸晨炊》一诗就是写其旅居大明湖畔、于朝霞初起时自己动手做早饭的情景。康熙四十七年（1708）二月，尽管当时的济南春寒料峭，年近七旬的蒲松龄依旧在大明湖泛舟而游，并作《风寒泛舟》七言歌行一首，作品内容生动形象地展现了大明湖的初春景象及其迎着春寒在大明湖上泛舟的情景。除上所述之外，蒲松龄还作有一首《暮春泛大明湖》，写其于暮春时节泛舟大明湖时所见景色。

历下亭为大明湖畔历史最悠久、文化底蕴最厚重的一处古迹，蒲松龄游大明湖，自然也会多次寻访历下亭。康熙三十二年夏天，蒲松龄应喻成龙之邀做客历下，适逢李兴祖、喻成龙等主持修葺古历亭竣工，蒲松龄即作《重建古历亭》一诗，诗中描绘了当时大明湖的秋景。同时，蒲松龄还作有《古历亭赋》，这篇赋由今而往，由往而今，今昔交错，情景交融，感慨良多，颇见铺陈功力，足可与北宋著名文学家晁补之的《北渚亭赋》相媲美。

康熙三十三年（1694），蒲松龄在大明湖还作有七律《古历亭》一诗，前两联写景，后两联抒情，全诗抚今追昔。除了历下亭之外，蒲松龄还曾有诗专门题咏位于大明湖南岸百花洲附近的白雪楼，其《白雪楼》七律三首，从大明湖的残春景色写到远处的鹊、华二山，从眼前的白雪楼联想到明代后七子领袖李攀龙，在时空的转换中寄托了自己对一代宗师的仰慕之情。

济南不止有大明湖，蒲松龄还曾称赞趵突泉"泰山诸泉，名泉第一。稷门大景，佳景无双。"他写珍珠泉："稷下湖山冠齐鲁，官寮胜地有佳名。玉轮滚滚无时已，珠颗涓涓尽日生。泡涵天影摇空壁，派作溪流绕近城。远波旁润仍千里，直到蓬莱彻底清。"

蒲松龄的《聊斋志异》中，还写了27个以济南为背景的传奇故事。他的小说刻画了高官、小吏、文人、书生、僧道、工匠、民女、商贩、艺人等众多人物形象，描写了清代前期济南社会的各个层面和市井百态。在《一员官》中，他无情地揭露鞭挞官场的贪污腐败，激情地歌颂了敢于和官场"潜规则"抗争的清廉官员吴同知。他尖锐地指出："人皆曰斯世不可以行直道。——人自无直道耳，何反咎斯世之不可行哉！"《皂隶》《快刀》《公孙九娘》《地震》，忠实地记录了清初统治者屠杀济南民众的暴行，镇压人民反抗的凶残，以及郯城大地震波及济南时的恐怖场景等重大事件。《林氏》《祝翁》等篇细致入微地描述了普通家庭的婚姻、生子、孝道等诸多平民琐事。那《偷桃》《丐僧》《木雕美人》《寒月芙蕖》中的魔术、木偶戏、幻境，《王货郎》《上仙》《顾生》的求神问卜，则艺术地再现了当时济南的民风民俗和市井百态。尤其他塑造的济南女性一系列人物形象，个个靓丽、纯真、聪慧、善良。林氏，温顺又刚烈，善良而风趣。毛氏，则知错就

聊斋志异

改,不忘滴水之恩。《狐谐》中的狐娘子聪慧机智,谑而不虐地回敬那些企图拿她和男友取笑的大老爷们儿,让他们大丢面子、哭笑不得……

就历代歌颂描写济南的作品的数量和质量而论,蒲松龄都称得上是第一人了。

性格孤傲的蒲松龄在济南城内还认识了一位好朋友。此人叫钟辕,与蒲松龄有文字之交。钟辕的父亲钟性朴官至山东提学副使,后定居济南。《历城县志》记载:钟辕"事母赵有孝声。兄殁,善抚其孤。学诗于新城王士禛。由拔贡考充镶蓝旗教习,授桂平知县,地属苗疆,辕导化有方,……康熙四十九年卒官,几不能殓。"钟辕于康熙二十五年(1686)拔贡,康熙四十七年(1708)任广西桂平知县,著有《蒙木集》。钟辕曾拜师王渔洋,学习写诗。

康熙二十五年(1686),蒲松龄与钟辕初次见面。当时得知蒲松龄在济南参加考试小住,钟辕前往客栈拜访,并将父亲写的书赠予蒲松龄。为表达谢意,蒲松龄写了两首七言律诗回赠,其中,赞颂钟辕之父钟性朴的业绩,又赞美了钟辕容貌俊雅,"人濯濯以临风,似王家之杨柳;才娟娟而映日,等谢客之芙蓉","于是不修边幅,遽通名字于高门;而乃烦襆藏书,竟访狂生于旅舍。红尘倾盖,即订戴笠之盟;青山送行,未践登堂之约。"两个文人一见如故,相谈甚欢。这之后,蒲松龄与钟辕的交往一直未断,其间还得到过钟辕的照顾。

时光流转,20世纪上半叶,明府城曲水亭街上住着一户人家,户主名为路大荒,是现代著名的蒲松龄研究先驱,被誉为"20世纪蒲松龄研究第一人"。在生命中的最后20年里,路大荒一直居住在这里,耗尽毕生精力搜集整理蒲松龄著作,出版了《蒲松龄集》。青年时期,路大荒就倾注了大量时间和精力,致力于蒲松龄著作的搜集与整理。1936年,路大荒编辑的《聊斋全集》出版,该书共收文290余篇、诗355首、俚曲10种。该书是当时蒲松龄作品出版史上规模最大、内容最多的一个版本,在国内外产生了广泛影响,也奠定了路大荒在蒲学研究中的坚实地位。抗日战争时期,路大荒决定向济南转移。在离家前,路大荒将《聊斋全集》的手稿和一些珍贵的抄本藏于博山等地。路大荒在济南隐姓埋名，先后居住在大明湖畔秋柳园街和曲水亭街。20世纪50年代，路大荒继续开始蒲松龄著作的整理研究工作，对蒲松龄的著作多方搜求，细心考证，去伪存真。1962年，一部更大规模、更全面的《蒲松龄集》正式出版。除了《聊斋志异》和失传作品外，该书收录了蒲松龄的全部著作。

明府城内，聊斋俚曲仍在传唱。蒲松龄与济南的一世情缘，早已化作了《聊斋志异》的三世烟火，永远不会消散。

JINAN 济南故事

第六章

德藩王府

明代的济南府城，不仅是山东布政司署、济南府署和历城县署等三级行政机关的驻地，明成化后更成为德王就藩之地。

当时，德王府是济南城内最重要的建筑。王府面南山，负百花洲，规模宏大。王士禛在《池北偶谈》称"园亭山石之胜，甲于全省"，"宫中泉眼以数十计，皆澄澈见底"。宫中濯缨湖"广四十余丈"，刘敕在《历乘》中称"名花匝岸，澄澈见底，亭台错落，倒映入波……白云缭绕，下接水光，上浮天际，宫殿隐隐在烟雾中，宛然如画"。当年的德藩王府，既有皇家园林之气魄，又有山水园林之幽美。明末清初，由于朝代更迭，园林缺乏整修，大多荒废。刘敕在《历乘》中感叹："旧多名亭，今皆颓废，莫得其址。"直到明末，德王府毁于战火。

一

明洪武三年（1370）四月初七，宣制官在南京皇宫奉天殿前向跪在殿前的宗室们宣读了明太祖朱元璋的封藩诏，与有明一代相始终的封藩制就此创立。

朱元璋率封建诸王告太庙。礼成，宴群臣于奉天门及文华殿。朱元璋对群臣说道："昔者元失其驭，群雄并起，四方鼎沸，民遭涂炭。朕躬率师徒以靖大难，皇天眷佑，海宇宁谧。然天下之大，必建藩屏，上卫国家，下安生民。今诸子既长，宜各有爵封，分镇诸国。朕非私其亲，乃遵古先哲王之制，为长久长治之计。"

封藩这一构想在明太祖朱元璋那里至少已经酝酿了两年多了。在他看来，天下太大，不可能由皇帝一手治理，所以要建立藩屏，分镇各地。为何非要分藩，而不能将此重任交予各地官吏呢？朱元璋认为，同姓兄弟虽然也有自相残杀的可能，却远比外姓人可靠，因而封藩势在必行。为了证明这一点，他还特地举了周与秦的例子，甚至将汉晋的兴衰也归结于此。然而，东周数百年战乱，汉之七国之乱，晋之八王之乱，这些都是众所周知的。朱元璋并非不知封藩的弊端，但是他仍然坚持。

在朱元璋看来，那么多皇子在京城扎堆，长此以往，难免会拉帮结派，搞出一些是非来。同时，明朝立国之初，北方边境尚未平静，蒙古人随时可能南侵。朱元璋需要皇子们驻扎在全国各地，对这些不稳定因素进行防范，以此拱卫皇室。基于此，朱元璋不但分封了藩王，还允许藩王配备一定的军事力量。燕王朱棣手下有数万精兵，宁王朱权更是拥有甲兵八万、战车六千。其余王爷少则有数千人，多的达一万九千人。朱权多次出塞作战，打击蒙古骑兵；朱棣更是取得了生擒蒙古悍将索林帖木儿、收服元朝太尉乃儿不花的骄人战绩。对此，就连朱元璋也不禁骄傲地说："朕无北顾忧矣！"

明朝的藩封制度，是以天下为一姓之私的最典型体现。自明初至明末，每况愈下，不仅违背了"宗子维城"的封建本意，而且为国家留下了无穷的后患。与历朝历代尽量削弱藩王权力的做法相比，朱元璋明显是在"开历史的倒车"。1376年，一个来自山西平遥的芝麻小官，叫叶伯巨，越级给朱元璋打了一份报告，批评三条朝廷弊政："分封太侈、用刑太繁、求治太速。"首当其冲指向分封制。朱元璋大怒，以离间皇亲骨肉的罪名将叶伯巨关押进大牢。不久，叶伯巨死于狱中。多年后，当燕王朱棣打着"清君侧"的旗号，起兵推翻朱元璋亲自确立的皇帝建文帝时，人们才惊觉叶伯巨的先见之明。

"靖难之役"后，朱棣成为明朝第三位皇帝。他深知藩王"尾大不掉"的危害，继续削弱藩王的权力。一方面，朱棣对藩王给予很优厚的待遇，"倍加恩礼"。另一方面，又对藩王严加管控，稍有越规，轻则降低待遇，重则削去爵

明代皇室行乐场景

位。自朱棣以后,藩王"不农、不工、不士、不商",只是作为朝廷宗室,享受一定的经济和政治待遇。后世的嘉靖、万历、天启等皇帝都做了一些调整。

明朝276年间,共有87个亲王(含靖江王)。封建制是"世袭罔替",子孙皆有对等的爵位,明朝宗室成员的规模不断扩大,人数像雪球越滚越多。大家很快发现,供养藩王也是一笔沉重的负担。据记载,200多年下来,到明朝后期的天启时期,宗室总人数已经达到了60多万。万历年间,曾当过山东巡抚兼右副都御使的何起鸣《条议宗藩至切事宜疏》中说道:"当今国家有二大事所宜及时讲求者,外之边防,内之宗藩是也。"他又把宗藩视为第一大难事:"二百年来,螽斯麟趾,绵衍繁盛,邸禄岁增,民财日绌,比之边防,尤为难处。"明代宗室几何级增长,每二三十年即翻一番,到明末,已达数十万,竭天下之财力,难供廪禄之费,明朝国脉,实因此而衰竭。皇帝再也不愁藩王造反了,而是愁起了怎么养活他们。

明英宗时,其长子朱见深列储君之位,次子朱见潾等需要分封至疆内各地做藩王。明英宗朱祁镇的经历也特别,曾两度做皇帝,是明朝第六任(1435~1449)、第八任皇帝(1457~1464)。朱祁镇第一次继位称帝,年仅

明英宗朱祁镇

明宪宗朱见深

九岁，年号正统。国事全由太皇太后张氏（诚孝昭皇后）把持，贤臣"三杨"主政。随之，张氏驾崩，三杨去位，宠信太监王振，导致宦官专权。正统十四年（1449），发生土木堡之变，其弟郕王朱祁钰登基称帝，遥尊英宗为太上皇，改元景泰。后英宗回京，被景泰帝软禁于南宫。景泰八年（1457），石亨等人发动夺门之变，英宗复位，第二次称帝，改元天顺。

天顺元年（1457）三月，英宗复辟后，"同日封德、秀、崇、吉四王"。清《德县志》载："天顺元年封皇子见潾为德（州）王。"明英宗朱祁镇封他的次子朱见潾为德州亲王，即德王，建藩封地署理德州。明朝时的德州属于济南府所辖，由于元朝末年连年的战争，再加上明初"靖难之役"在德州境内打了2年多，致使德州经济凋敝、人口大减。朱见潾自幼娇生惯养，喜爱游山玩水、贪图安乐，于是他以德州之地风沙过大、土地贫瘠、民风刁蛮等为借口，要求父皇朱祁镇改封藩地于济南。明英宗心里明白，他儿子是个不谋进取的家伙，因此未予准奏。朱见潾十分不高兴，便以各种理由推脱留在京城，接受了"德王"这个封号，但不到藩地德州署理。

明英宗死后，其长子朱见深继位，为明宪宗皇帝，改年号为成化。明成化元年（1465），德王朱见潾又向皇兄再次提出建藩于济南要求。新皇帝朱见深登基不久，需要巩固其皇位统治，于是在明朝成化二年，准许了德王建藩于济南的请求。明成化三年，朱见潾在受封"德王"称号十年后，高高兴兴地由京城来到山东，只不过分封藩署地由德州变成了济南。这也是有"德王"封号，而却把王府设在济南的原因。

二

明代两百多年间，先后有六位宗室亲王分藩山东：洪武十五年，明太祖庶七子齐王朱榑就藩青州府；洪武十八年，明太祖庶十子鲁王朱檀就藩兖州府；永乐二年，明成祖嫡二子汉王朱高煦就藩乐安州；成化三年，明英宗庶二子德王朱见潾就藩济南府；弘治十三年，明宪宗庶七子衡王朱祐楎就藩青州府；弘治十五年，明宪宗庶十二子泾王朱祐橒就藩沂州。其中，齐王、汉王、泾王皆一世而国除，鲁王、德王、衡王则与明朝始终。

德王封号存在180多年，共出现过6位德王。历代德王除长子世袭王位、承袭德王外，其子孙共有15人受封郡王，分封各地。

朱见潾（1448~1517），明朝第一代德王，初名朱见清，明英宗朱祁镇第二子，明宪宗朱见深异母弟，母宸妃万氏，曾两度封王。景泰三年（1452）五月，明景帝废掉汪皇后，改立杭妃为皇后，皇后的儿子朱见济为皇太子。先前朱祁镇所立的皇太子朱见深被废，改封为沂王。作为平衡，明景帝同时封朱见深的兄弟朱见清为荣王、朱见淳为许王。这个朱见清，就是后来被封德王的朱见潾。朱祁镇复位后，于天顺元年（1457）三月复东宫，同日封他的四个儿子分别为德王、秀王、崇王、吉王，荣王朱见清就变成了德王朱见潾。成化二年（1466），第一代德王朱见潾就藩济南府。

朱见潾是个贪得无厌的人。据《明史》记载，朱见潾向宪宗朱见深请求改驻济南时，还同时要求把已废的齐王、汉王在东昌、兖州的邑地，以及济南的白云湖、景阳湖、广平湖的湖田赐给他，顾念兄弟之谊的朱见深准许了。不久之后，朱见深又将济南城课税的一半御赐给他。据史书记载，当时德王享受的各种待遇仅次于皇帝一等。但朱见潾仍不满足，不久他"复请业南旺湖"，因为涉及漕渠的关系没有得到批准。又索取原汉王的旧牧马地，济南知府赵璜上奏说，该地早已归属民间，供税赋已久，不宜与民争利，这个如意算盘也落了空。正德初年，皇帝下诏规定王府的庄田每亩要征税银三分。朱见潾上奏道："初年，兖州庄田岁亩二十升，独清河一县，成化中用少卿宋旻

鲁荒王墓出土镶宝石金带饰

议，岁亩五升。若如新诏，臣将无以自给。"户部以山东水旱相仍，百姓凋敝为由，坚持如诏收税。帝曰："王何患贫，其必许"。朱见潾在藩五十二年，在王位六十一年。正德十二年（1517）八月二十二日，第一代德王朱见潾去世，时年70岁，谥号庄王，葬于济南长清五峰山下。

正德十六年（1521），朱见潾嫡二子朱祐榕嗣袭王位，是为德懿王。朱祐榕及

明代皇室行乐场景

其父亲朱见潾都笃信道教，每年都要到大明湖畔的北极庙献礼，并多次出资修建。朱祐榕袭封王位后，曾在北极庙的正殿后"别构四楹"，建造了一处大殿，取名为净乐宫启圣殿。朱祐榕与其父相似，也十分贪婪。据《明世宗实录》记载，嘉靖十年（1531）九月乙卯，山东巡抚邵锡奏报："山东自德、衡、泾三府庄田占据之后，民间地土搜括殆尽。"德王府的禄田、脂粉田少则数千顷，多则万顷，济南地区的膏腴之地大多都被德王府占去了。就在巡抚邵锡奏报的第二年八月，发生了德王府军校围攻济南府、击毁府门的事儿。按照明制，德王府仪卫司军有定额，逃绝者不得以余丁补充，然而朱祐榕却并非如此，他随时招来兵丁补充缺额。于是巡抚邵锡以不合制度为由"檄济南知府杨抚籍诸补充者勿与饷。"德王不加约束，纵容军校前往济南府衙闹事，并捣毁府衙大门。嘉靖皇帝"诏逮问长史杨谷、杨孟法，戍仪卫副薛宁及军校陶荣。谕王守侯度，毋徇群小滋多事"，此事才得以了结。嘉靖十八年，皇帝下诏把三湖之地赐给他"自征其课"。然而就在这一年，朱祐榕病逝。

朱祐榕的接班人们你方唱罢我登场，到了万历十九年（1591），朱常㳾袭封德王。与他的祖辈一样，朱常㳾也十分信奉鬼神之说。在明代诗人王象春《中元》一诗中，记述了明万历间德端王在中元节这一天举办盂兰大会的情景："高僧大会盂兰盆，殿下亲临广智门。施食连年增几万，阴风灯灭哭饥魂。"盂兰盆会是鬼节超度孤魂野鬼的活动。德王府中元节盂兰大会是在王府的北门广智门前进行的，因为这里有一条水道流经百花洲，直通大明湖。德王亲临主持大会，招来僧人在以唢呐为主的吹奏声中诵经，举行饿鬼施食的仪式，放焰口。最后在濯缨湖中燃放河灯，超度孤魂。遥闻钟鼓之声，在不远处问山亭居住的王象春想到的是乙卯年、丙辰年的大饥荒，死人填壑满道，这盂兰盆会怕是喂不饱鬼饭吧。崇祯五年（1632），朱常㳾也成了"死鬼"，谥号德端王。

早在万历四十三年（1615），德端王朱常㳾就已经册封他的庶长子朱由为世子，谁知朱由命短，未及袭封，崇祯年间就死去了。朱常㳾只得改封已经成为郡王的庶二子朱由枢为世子。朱由枢袭封德王的具体时间则不得而知。明崇祯十二年（1639）正月，清兵入关，攻陷济南府，德王府被烧毁，德王朱由枢被执，后被多尔衮掠去关外，于崇祯十五年（1642）正月病死于关外。

德王朱由枢被掠走后，明朝廷于崇祯十三年（1640）六月重建德藩，册封纪城温裕王朱常溎的儿子朱由栎为德王。崇祯十七年（1644）六月，清军再次攻占济南，最后一代德王朱由栎降清。隆武二年（1646）五月，朱由栎被杀，德王世系就此告终。清兵占领济南后，德王府残存的建筑再次被毁，显赫一时的王宫旧院从此改换了门庭。

三

德王府，是明季济南城中最大的建筑群。济南府城的城市空间，有三分之一被大明湖占去了。剩下的空间中，三分之一是官署、寺庙，三分之一是民居，剩下的三分之一则是德王居住的王宫及各郡王府。

德王府是在原济南公张荣府邸旧址扩建而成。王府规模宏大，建筑豪华。

它东至县西巷、西至芙蓉街、南至今泉城路（原院东大街、院西大街），北至后宰门街（原百花洲街）。根据朱元璋定下的制度，王府建筑规制是统一的。明制：亲王府的周长是三里三百零九步五分，东西一百五十丈二寸五分，南北一百九十七丈二寸五分。城高二丈九尺，下宽六丈，上宽二丈。女墙高五尺五寸，城河阔十五丈、深三丈。德王府建筑规模宏大，气势雄伟，金碧辉煌，四周同样围绕高大的城垣和四个城门，城楼上覆以青色琉璃瓦，大门饰以丹漆金涂铜钉，俨然是皇都紫禁城的缩影。王府的大门，南曰端礼，北曰广智，东曰体仁，西曰遵义。王城之外，还有一道城垣，即萧墙，高二丈许，上覆琉璃瓦，开四门，向南是午门，东曰东华门，西曰西华门，北曰后宰门。王宫内建有正宫、东宫、西宫。

德王宫前立有高大的牌坊，坊额题字"钦承上命""世守齐邦"。东西各有两座牌坊，分别名为"遵训守义""谦恭孝义"。正门外有一座砖砌的影壁，影壁后有半圆形围墙，东、西各开角门，以供人出入。进入宫城，有基高六尺九寸三组大殿，依次是承运殿、圜殿和存心殿。朱元璋告诫亲王们务要睹名思义，承担起藩屏帝国的任务。前殿承运殿最高大，阔达十一间，是整个王府建筑的主体。紧接着是圜殿和存心殿，各阔九间。所有宫殿都是窠拱攒顶，中画蟠螭，饰以金边，画八吉祥花。殿中的座位用红漆金蟠螭，挂帐用红销金蟠螭，座后壁则用画蟠螭彩云。

正门、前后殿、四门城楼，饰以青绿点金。殿门庑及城门楼皆覆以青色琉璃瓦。亲王宫须饰朱红、大青、绿，其他居室止饰丹碧。承运殿两庑为左右二殿。自存心、承运，周回两庑至承运门，为屋百三十八间。殿后为前、中、后三宫，各九间。宫门两厢等室九十九间。凡为宫殿室屋八百间有奇。廊房饰以青黛。此外还有顶门楼、庭、厢、厨、库、米仓等共数十间。宗庙位于东南。

德王府内的珍珠泉和北面的濯缨湖为西苑，珍珠泉上建有渊澄阁，阁后为孝友堂和燕居斋。那时元人所建的白云楼已塌毁，朱见潾又在旧楼的废基上修建了濯缨轩，并在濯缨湖北岸堆修假山。濯缨湖汇聚珍珠、散水、溪亭诸泉而成，当时广数十亩。湖水自南而北，绕过假山，而后流出宫墙。湖中可泛舟，湖水荡漾，云影入波，景色秀丽。王府内还开凿了玉带河，与今大院以西的曲水河沟通，营造了画舫。德王无参政之劳，朝朝宴舞，日日笙歌。

当时的德王府大院西北缺一角，是建府之时为王府西北处的府学文庙空出的通道。据传此处原为居民毛氏之宅，德王为扩大王宫，以巨款买毛宅，毛氏不受，激怒德王，把毛氏二子抓进王府，毛二投湖以死抗争。于是邻舍群起，向德王提出抗议，因而王府终缺一角。街邻每逢旧历六月初一毛二投湖之日，聚集湖上划船摆贡，以纪念反抗王府的毛二。这种活动一直延续下来。明末诗人王象春还特意为毛二的故事写了一首诗，诗云："咸阳宫阙已成尘，毛二蜗居可认真？鬼哭城崩当六月，几时秋雨灭青磷。"

建成后的德王府金碧辉煌，楼台水榭，石桥曲径，奇花异木。明末刘敕在《历乘》中记述道："德藩有濯缨泉、灰泉、珍珠泉、珠砂泉共汇为一泓，其广数亩。名花匝岸，澄澈见底；亭台错落，倒影入波；金鳞竞跃，以潜以咏；龙舟轻泛，箫鼓动天。世称人间福地、天上蓬莱不为过矣。且当雪霁、白云缭绕，下接水光、上浮天际，宫殿隐隐在烟雾中宛然如画，真宇内未有之奇也。"

德王府内还有不少管理机构：有长史司，设左长史一人，右长史一人，典薄一人；审理所，设审理正一人，审理副一人；纪善所，设纪善二人，伴读一人；典宝所，设所正一人，所副一人；典膳所，设所正一人，所副一人；奉祀所，设所正一人，所副一人；良医所，设所正一人，所副一人；工正所，设所正一人，所副一人；典仪所，设所正一人，

珍珠泉北岸（摄于1903年）

珍珠泉

所副一人，引礼舍人三人；广受仓，设大使一人，副使一人；广受库，设大使一人，副使一人；仪卫司，设仪卫正一人，仪卫副二人，典仗六人；群牧所，设镇抚二人，正千户一人，副千户二人，百户十人，旗手千户一人，百户二人。"这些机构，大部分都驻王府内。

诗人许邦才就曾于嘉靖三十五年做过德王府右长史。许邦才（生卒年不详），字殿卿，号空石，明历城水村人。嘉靖二十二年（1543）举乡试第一，授赵州知县，未到任，上疏改调为永宁知县，后迁德王府长史。嘉靖四十二年转周府右长史，赏加四品服俸。许邦才在任职德王府长史时，总管王府内部事务，每日常为诸多烦冗所困扰。他曾在布政司前玉环泉畔筑瞻泰楼作为读书楼，又在大明湖北水门别业内建梁园，闲暇时与著名文人李攀龙、殷士儋等在瞻泰楼诗酒唱和。

据传，许邦才死后，瞻泰楼被某不法官吏买下。他十分得意，命仆人崔立清扫房屋。忽然，有朱衣人出现，呵斥官吏与崔立说："尔何人，敢居吾室！"不久那个官吏就暴死了。这朱衣人正是瞻泰楼的原本主人许邦才，清代济南诗人范垌曾为此作诗，诗曰："芙蓉泉上访遗书，右史英魂恋故居。自古并无千载业，禁他斯仆待何如。"

明代藩王多远离朝政以避险，明廷也乐见其悠游文史。藩府于是以研学刻书为任，幕中学者汇集，且不乏财力，又多得皇帝所赐内府宋元旧版为底本，少有明人窜改之恶习，刻书质量有明一代称为魁冠。明藩刻书，多沿宋郡斋漕司书刻故事，率取当地先贤著作传刻。德王府刻书见于著录者，有《药师本愿功德宝卷》《汉书》《昭明太子文集》《舜泉歌》《儒门事亲》《云庄乐府》《张文忠家训》《张文忠诗集》《小学》等。

于此说来，藩王也不是一无是处。

四

金元时期的大文人元好问在《济南行记》中说道："珍珠泉今为张舍人园亭，二十余年前，吾锡彦兄尝有诗至泉上，则知诗为工矣。"明代的德王府建在元代张舍人园子旧址上。这里，是济南王张荣的故居。

张荣（1181~1263），字世辉，历城人。其父张衍，以急人之难称誉于乡里。张荣身材魁梧，状貌奇伟，胆识过人。金末元初，历城人张荣率部投靠元太祖铁木真，被任命为山东行尚书省兼兵马都元帅，知济南府事。元世祖中统元年（1260），元世祖忽必烈即位，晋封他为济南公，为当时山东三大世侯之一。张荣进封为济南公后，便在珍珠泉濯缨湖畔修建府邸，珍珠泉一带遂成为他的王府，那时的济南当地人俗称其为"张舍人园子"。中统四年（1263），张荣以83岁高龄去世，赐推忠宣力正义佐命功臣、太师、开府仪同三司、上柱国，追封济南王，谥"忠襄"。

张荣长子张邦杰继任，袭爵济南公。其子邦杰死后，其孙张宏又袭爵为济南公，后来改授济南府行军万户管民总管、大都督。张氏一门蝉联三代为济南的豪门华宗，其势力一直延续到元世祖后期。张舍人园子以珍珠泉为中心，把院内建成为风景宜人的优美园林。珍珠泉昔日湖面宽阔，景色秀丽，"漾泓冲融，清澜百步，旁流带垣，通舟二里；鱼鸟荇藻，怡怡悦性"。春日，湖周修竹婆娑，杨柳垂荫，百花斗艳，虹桥曲径，楼台亭阁，倒影入波。龙舟荡于湖中，箫鼓扬其声韵，"世称人间福地，天上蓬莱"，被誉为"宇内未有之奇"，"贵人词客莫不咏觞于斯"。

张荣的孙子张宏继任后，又在珍珠泉畔新建起高大宽敞的白云楼。该楼雄伟轩敞，面山带泉，颇据形胜。登楼四眺，远挹山色，近接水光，上浮云际，宫殿隐隐在烟雾中，宛然如画。尤其是在雪后初晴时登楼四望，可见到的"霁色浮金连岱岳，寒光射目失明湖"之奇景，令人赞叹不已，故这里的景观被称之为"白云雪霁"。自此，张舍人园子成为当时济南第一园林景观。

元世祖忽必烈至元二十六年（1289），19岁的张养浩来到了张舍人园子。张养浩（1270~1329），字希孟，号云庄，又称齐东野人，济南人，元代著名政治家，文学家。至元二十三年（1286），十七岁的张养浩游济南舜祠作《过舜祠》一诗，为张养浩诗文作品中可考第一文。

张养浩登上珍珠泉畔的白云楼远眺，有感而发，以登楼为话题，以吊古为内容，写出了《白云楼赋》。赋中写道："吁其高哉，兹楼之有如此兮。括万象于宽敞，飞四阿于鸿冥……喷云吐雾，扶舆五色凝结而成形，又疑大鹏九万失羊角，踞兹胜境而不去兮。翼结华鹊之烟雨，背摩霄汉之日星。我来宣郁一登眺兮，众山故为出奇秀。恍然身世游仙庭，凭栏俯视魄四散。耳根但闻风铁音，泠泠上有浮云容。与卧苍狗，下有惊湍，澎湃奔流霆……"这首赋当时影响很大，时人称赞"只余一赋千金值，零落齐州白云楼"。不久，张养浩得山东按察使焦遂赏识，推荐他为东平学正，走上了仕途之路。官至监察御史、白宰相迁翰林直学士、礼部侍郎、参议中书省等职，卒于陕西行台中丞任上。死后朝廷追封他为滨国公，谥文忠，葬于济南市天桥区北园柳云。

明朝初年，张舍人园子改为山东都指挥司。最早进驻这所署衙的，是时任山东都指挥使的平安。

平安，小字保儿，安徽滁州人。其父平定，跟随明太祖朱元璋起兵，因作战勇敢，深得朱元璋赏识，提升为济宁卫指挥佥事。平安有乃父遗风，骁勇善战，力举数百斤。朱元璋于平定在世时就把平安收为养子，并改朱姓。平定死后，朱元璋让他接替了其父的官职，改派密云指挥使，后晋升为山东都指挥使。建文元年（1399），燕王朱棣兴兵夺权，建文帝派曹国公李景隆统帅各路军马北伐，平安以山东都指挥使充北伐军先锋。他转战真定、河曲、滹沱河一带，屡战屡捷，并斩获数名燕将。明建文四年（1402），平安在率军作战时被俘。燕王朱棣因爱惜其才勇，将他送往北平安置，夺得帝位后，还任其为后军都督府佥事。永乐七年（1409）三月的一天，朱棣在阅看奏章时见有平安的名字，随口问道："保儿还活着？"平安听说后极为惶恐，遂自杀身亡。

平安在任山东都指挥使期间，居住于都指挥使司衙署之内，白云楼就在其宅第中。楼虽已破旧萧条，但仍存在。至成化年间朱见潾在此修建德王府时，白云楼业已坍塌，仅留丈余楼基。德王在其废墟上修建了濯缨轩，并在轩旁筑建白云亭。德王朱见潾曾赋诗一首，诗曰："印月池头月正明，主人曾此濯冠缨。肯夸风景殊人世，却爱源流合圣清。"白云雪霁之景恢复后，吸引了大批文人吟咏。

明代诗坛"前七子"之一的边贡曾赋诗道："曲池泉上远通湖，百丈珠帘水面铺。云影入波天上下，藓痕经雨岸模糊。闲来梦想心如见，醉把丹青手自图。二十六年回首地，朱阑碧树隔方壶。"表达了他对德王府内风景的向往之情。边贡（1476~1532），字庭实，自号华泉子，明历城（今济南市）人。明代"弘治四杰"，主要著有《华泉集》等。边贡20岁为进士，任过南京太常寺卿，官至南京户部尚书。他以为官清正声著当世。他认为天下最美的地方，莫过于济南。嘉靖十年（1531），边贡因御史汪鋐弹劾而致仕归乡，在德王府前筑万卷楼，将一生收藏的金石书籍纳于其中。不幸第二年万卷楼遭火灾，边贡仰面大哭曰："甚于丧我也！"由此大病不起，郁郁而终。

明代诗坛"后七子"之一，与边贡齐名的李攀龙，曾与时任德王府右长史的许邦才以"白云亭"为题对诗，诗曰："狂杀王门客，空亭日啸歌，那知珠履散，自爱白云多。短发明秋水，长裾曳芰荷。独怜枚叟在，不复厌婆娑。"李攀龙（1514~1570），字于麟，号沧溟，明历城（今济南市）人。李攀龙少

趵突泉畔复建的白雪楼

时与许邦才、殷士儋为友，诗文唱和。30岁中进士，历任刑部主事，顺德知府，陕西提学副使等职。辞官归里后，李攀龙登华不注，赏菊千佛山，宴集历下亭，夜宿龙洞寺，前往南山寻幽探古，写下不少吟咏济南山水名胜的诗篇。李攀龙在明府城内曾建有一座名为白雪楼的读书楼，就在德王府之北的百花洲。

李攀龙的白雪楼后来被明代诗人王象春买了下来。他也曾以白云亭入诗，诗曰："将军百战血衣腥，醉舞龙泉漱晚汀。今日笙歌还此地，白云楼改白云亭。"讲述的就是平安之事。清代诗人廖炳奎旧地重游，赋诗喟然叹曰："白云楼上白云多，楼圮云收唤奈何。尘世几番添劫数，明湖依旧起秋波。当年皓月芳筵敞，此日斜阳野圃过。苍狗白衣原幻境，奚劳感慨发悲歌。"此后，人们又在此楼遗址上建有关帝庙，清康熙年间亦曾在这里建有龙章书院，雍正初又改为龙神庙。

明朝崇祯十二年（1639）正月，清兵过黄河攻入济南城，德王朱由枢被俘，德王府也被一把火烧成废墟，白云亭的遗迹就彻底消失了。

五

2011年7月，市考古研究所配合宽厚所街建设工程，开始实施考古发掘，清理出两座明代郡王府——宁阳王府和宁海王府建筑基础。这是明府城考古中面积最大的一次发掘，曾入选"2013中国重要考古发现"。

这些郡王与德王有什么关系呢？依照明代的制度，德王属于亲王，亲王的嫡长子封为世子，嫡长孙封世孙，都是可以世袭亲王的。而亲王的其余各子，降一等封为郡王。郡王的承袭者称王长子，可世袭郡王。其余各子降一等封镇国将军，妾所生之子，降二等为辅国将军。郡王女儿封县主，俸禄为每年600石。镇国将军就不存在世袭了，他所有儿子降一等皆封辅国将军。辅国将军的所有儿子，降一等皆封奉国将军。奉国将军的所有儿子，降一等皆封镇国中尉。镇国中尉的所有儿子，降一等皆封辅国中尉。辅国中尉的所有儿子，皆封奉国中尉。自奉国中尉之后，就不再递降了。因为爵位太微末了，再降就没有了，所以奉国中尉的世代子孙皆封奉国中尉。

亲王、郡王、镇国将军、辅国将军、奉国将军、镇国中尉、辅国中尉、奉国中尉，这一串如大树枝干一样的爵位分封，构成了一个庞大的德王家族。

有明一代，在济南先后分封了泰安郡王、济宁郡王、历城郡王、临朐郡王、高唐郡王、临清郡王、

宁阳郡王府遗址

宁阳郡王府遗址

宁海郡王、堂邑郡王、利津郡王、安陵郡王、纪城郡王、嘉祥郡王、清平郡王、广宗郡王、永年郡王、宁阳郡王,以及两位不知名号的郡王,总计18个郡王,根据明代制度,这些郡王的郡王府绝大多数都建在明府城里。郡王俸禄为每年2 000石,长子承袭爵位后一律折半为1 000石;但因所在的亲王府而异,也有初封即1 000石或500石的,继承时不折半。

这些郡王并不是同时都存在的,即便如此,当年济南城内最多时曾有过9处郡王府。明代的郡王府比亲王府低一等,建筑规模小得多。据《明会典》中记载:"天顺四年定郡王府制:郡王、每位盖府屋共四十六间。前门楼三间、五架。中门楼一间、五架。前厅房五间、七架。厢房十间、五架。后厅房五间、七架。厢房十间、五架。厨房三间、五架。库房三间、五架。米仓三间、五架。马房三间、五架。"总计46间。

当年的郡王府是什么样子呢?还是让我们回到宽厚里的那个考古现场去吧。2012年发掘的宁阳王府保存完整,规模宏大,是济南市首次发掘保存完好的明代郡王府遗址。其院墙的范围为南北134米、东西83米;由中轴院落、东西跨院以及其他相关建筑遗存构成，遵循中国古建筑中轴对称的布局设计。主院有大门五开间，前厅房后厅房均为五开间，另有五开间阁楼遗址一座。院内有完善的排水设施，其中覆盖石板的暗渠式下水道共清理出8条，总长度达400多米，东侧4条辅渠，西侧保存下来的有两条辅渠，另外东西两侧各有一条南北向的主渠。辅渠均为横向排列，分别向东、向西注入主渠，主渠把汇聚来的水排出墙外，各渠宽窄不一，设计合理。东侧4条暗渠排到主渠后经北墙排出。

旧时直接以郡王府命名的老街巷有三条，一条是德庄王第四代孙宁阳王府所在的东小王府街，另一条是德庄王第七代宁海王府所在的西小王府街，再就是嘉祥王府、清平王府所在的府馆街。当年，东小王府街、西小王府街上依然可以看到明代郡王府的遗迹，许多地面铺设的石板就是当年郡王府的拴马石，后来两街合并，统称小王府街。

JINAN 济南故事

第七章

三个皇帝

济南府城说大不大,说小不小,其大小正好"装"得下三个皇帝。

一

康熙皇帝像

这第一位皇帝就是清朝第四位、清军入关后第二位皇帝,清圣祖爱新觉罗·玄烨,也就是人们常说的康熙皇帝,他曾三次来过明府城。

1684年,大清康熙二十三年。这年的十月,康熙皇帝南巡到了山东。初五日进入山东境内,初五、初六在德州围中射猎,初八日到了济南府境内。

初八那天早上,康熙站在大清桥上,望着滔滔的大清河,感慨良多。河名"大清",桥曰"大清",于是,这位大清国的皇帝诗兴大发,当场作了这样一首诗:

晓渡更临济水,野风时卷霓旌。

几曲寒流荡漾,十月舆梁始成。

这条大河,据说是古济水的故道,"亦谓之盐河,以其为济南盐运河道也",所以康熙就以"渡济水"为诗题。大清桥一带,地当九省通衢要冲,官舆商辕,骏马瘦驴,才子佳人,贩夫走卒,来往不绝,堪称一时胜景。咸丰五年(1855)六月十九日,黄河决口于河南铜瓦厢,夺大清河入海,大清桥湮没于茫茫烟波,"良辰美景付浩渺,世上再无大清桥"。大清桥没了之后,大清国也没有多少时日了,这是后话,按下不表。

此时,济南府的西门外,早已黄土垫道、净水泼街。山东巡抚徐旭龄、衍圣公孔毓圻、济南府知府纪尧典等山东三司及地方官员一早就在西门外候着了,倒不是怕晚点儿,而是迎接皇帝总要有该有的诚意。

时至中午，探马来报——皇帝离城十里。徐旭龄正了正衣冠，冲着官路吼了一嗓子"跪迎"，就自顾跪了下去，他身后的官员也齐刷刷地跟着跪了下去，膝盖撞地声不绝于耳。徐旭龄是浙江钱塘人，除了石板路跪着硌人外，他倒是很喜欢这座城市——济南，这座处处清泉的城市，跟他的家乡很像。道旁的香案中，飘出一缕檀香，嗅着味儿徐旭龄有些飘飘然了。此时的徐旭龄心里是很兴奋，他刚上任山东巡抚一年，又迁工部侍郎，紧接着赶上皇帝"观览民情，周知吏治"。皇帝一高兴，再给他升个一官半职，弄个总督当也不是不可能的事。正乱琢磨着，就听得远处铜锣开道，抬头一看，官道上旌旗招展——皇上到了。

康熙来了，但他没有先进城。康熙对徐旭龄说："我听说你们这里有一处趵突泉，久慕盛名，朕要先去看看。"徐旭龄跪着回道："启禀圣上，泉是有的，三股水看着着实喜人，请皇上先至泉畔观澜亭歇息。"皇上点头："嗯，甚合朕意。"

在趵突泉南侧的观澜亭里，康熙简单询问了一下山东的风土民情、地方利病之后，就有些乏了，草草结束了对话。说完政事，康熙临泉观览，命内侍以银碗汲水饮之。饮罢泉水，皇帝口腹安泰，遂作诗一首：

十亩风潭曲，亭间驻羽旗。

鸣涛飘素练，迸水溅珠玑。

汲杓旋烹鼎，侵阶暗湿衣。

似从银汉落，喷作瀑泉飞。

"好诗！好诗！"徐旭龄赞道。"皇上，您看也看了，饮也饮了，是不是给留个字儿，以宠名泉！"康熙皇帝冲着伴驾巡游的侍讲学士高士奇一努嘴，那意思"可以"。高士奇站了出来，大声宣谕："此泉为名胜之地，尔等请书至再，故勉书二字留之。"——地

趵突泉、吕祖庙及御碑亭（摄于清末）

康熙皇帝登上济南府城南门阅城（清《康熙南巡图》局部）

方求字，皇帝是勉强给你的。这种矜持，比他孙子乾隆皇帝上赶着给人写字要更有帝王气派。康熙皇帝大笔一挥，书"激湍"二字，赐予东藩。

"激湍"二字其实很直白，就是急流的意思，晋潘岳的《西征赋》中就曾用过："交渠引漕，激湍生风。"徐旭龄等山东官员却不能说皇上赐字没新意，而是连连称赞："天章辉耀，翰彩飞动，化工神妙，真有龙跳凤舞之势。"群臣瞻仰宸藻，无不欢跃，光看这俩字就知道皇上老人家"超越百王，亘古罕觏，山泉生色，光照万祀也。"后来，康熙的"激湍"二字被刻成了石碑，竖立在趵突泉边上。

泉边待够了，皇帝骑马由正觉寺街奔往历山门，也就是济南府的南门——皇帝必须从南门进城，哪怕是绕远。街两旁早已密密麻麻跪满了济南的百姓，这不是统一安排，而是群众自发的，在当时的百姓眼里，皇帝就是他们的神。但地方官员不干，事关皇帝安危不得不谨慎，遂出面驱逐。康熙说："不要这样，我好不容易出趟宫接触接触百姓，要'察其疾苦'。"于是，那天的济南街头就有了"拥马瞻拜"的景象，这种情况在康熙第一次南巡中屡见不鲜。皇上骑马走在济南的石板路上，一眼望去尽是臣民百姓的脑袋，马蹄踏青石，声音清脆，皇帝又诗兴大发，遂吟诗一首：

  东来端为重民生，不事汾阴泰畤名。

  井里俨存齐国俗，田畴还忆历山耕。

  暂宽羽骑钩陈卫，一任村童野老迎。

  敢道迩言勤访察，止期治理得舆情。

行至南门，皇帝骑着马，从南门的马道登上城墙，他要俯察济南府城。在城墙上，皇帝一眼望去——南面是山，北面是湖，远处是一条大河，河畔散立着几座小山，好一派湖光山色。康熙坐在马上向百姓频频招手，城墙下的济南百姓跪地山呼"万岁！万岁！万万岁！"君民俱欢，一片祥和。

仪仗继续前行，经四隅首转西，由西门出城。根据日程，皇帝当晚要在长清驻跸，去往长清的官路直通西门，所以绕了一圈又回来了。这虽是皇家的规矩，但再次经过趵突泉的时候，康熙爷不禁叨咕了一句：这才叫溜弯呢。

在康熙的第一次南巡中，明府城的戏份就到此就结束了。回京后，康熙在他的"日记"中这样写道："阅济南城，观趵突泉，题曰激湍。百姓遮拜马首。口户繁盛，比屋可封。昔称临淄之间，肩相摩、毂相击者，今尚有遗风焉。"

二

康熙二十八年（1689），康熙皇帝二次南巡。顺理成章，他第二次来到了济南府城。

这年的正月十四，康熙驻跸济南府平原县七里铺西南，山东巡抚钱珏随同伴驾。同他的前任徐旭龄一样，钱珏也是浙江人，一样是御史出身。但同徐旭龄不一样的是，钱珏在就任山东巡抚之前是京官——顺天府尹，他与皇帝见面的次数要比徐旭龄多得多。所以皇帝一进山东地界，钱珏就带着衍圣公孔毓圻及山东士绅，溜溜赶去德州接驾朝圣了。

正月十五，康熙皇帝驻跸济南府齐河县晏城村行宫。第二天，天还没亮，皇帝一行就奔赴济南府城。到了6点多钟，康熙到了济南黄冈（也就是现在天桥区药山街道的黄岗，过去"冈"是正字）。皇帝在这里歇脚，取暖，吃了早饭。

上午七点半，康熙骑着白龙马行至济南城西的十王殿，也就是现在馆驿街的西头。十王殿里供着十殿阎君，1904年拆除，盖了津浦铁道宾馆，后来的孙

官员们在城外候驾（清《康熙南巡图》局部）

中山、徐志摩等人与这里皆有缘法，这是题外话。

单说这跪在十王殿外候驾的人。首一个，山东巡抚钱珏，自不必说，头一日急匆匆从平原县赶回来的。他身后跪着几位致仕的老臣，有前大学士李之芳，前兵部右侍郎孙光祀，居父丧在家的少詹事王士禛。自康熙皇帝一进山东地界，这几位就随着山东巡抚钱珏及衍圣公等本省官员赶到德州四里屯迎驾了。一路跟着到了行宫，跪地磕头请安、召见、训话，好一通折腾。待到各归住所，身上刚有点暖和气，忽又传来旨意，说是皇帝体恤文臣，尔等后天还要在济南近城接驾，"恐在后拥挤，随驾不及"，你们几人就先回去吧。皇上为臣子着想，自是好事，但这老几位急匆匆地来，冻了一天，又急匆匆地去，弄得一身疲惫。

皇帝策马前行，驾轻就熟来到了趵突泉，他对五年前见到的这个三眼大泉，有种莫名的亲近感。在队伍的中后方，有一位骑马随行的扈从大臣、翰林院掌院学士、礼部左侍郎、詹事府詹事张英，他的儿子张廷瓒、张廷玉、张廷璐后来都是响当当的人物。内廷刚吹出风来，这位张大人今年可能高升一步，升任工部尚书。张英正缩着脖子策马前行，旁边的一位官员讨好说："张大人,前面就快到趵突泉了,您老不去准备着?""呵呵呵,圣上观景,自有侍卫内大臣和护军统领伺候,老夫围边儿岂不是越俎代庖了。"那官员说:"老大人有所不知,咱济南趵突泉南边有个观澜亭,前次皇上来济就是在那里问政的。"按照惯例,皇上每到一地,便要召见地方主政官员,仔细询问当地民生政事,五年前康熙来济南就是在观澜亭里询问地方政务的。张英哪知道趵突泉旁边有个观澜亭,又哪知道观澜亭有这功能,康熙二十三年的时候他还请着丧假在家乡龙眠山居住呢。张英一听,这正是我管辖的事啊,忙不迭地就往前奔。这天是什么日子?正月十六——离得近的乡民都赶到济南府城来看灯,又赶上放假,能离岗的官员都跑来瞻仰天颜,西门外的人都插满了,那就跟现在趵突泉灯会似的,哪儿能走得动啊。张英只得骑马在河边斜坡上走,结果可想而知——连人带马被挤到了河里。亏着趵突泉北边的小河不深,马才没跌倒,张大人也只是湿了靴子。可惜了张英没落水,若这样一位重臣跌落在济南西门外的小河里,倒是平添了一桩笑谈。

康熙在观澜亭里向钱珏详细询问民风政情,这自不必细说。这次皇上也没有命人取趵突泉水生饮,而是喝了用泉水浸泡的热茶。9点钟,康熙自济南府西门入城,这次并没有跟上次一样,礼部的官员不再坚持自南门入城了——数九隆冬怎能让皇帝绕远。

銮驾自现在的泉城路一线前行,不多时就来到了山东巡抚衙门,也就是现在的珍珠泉大院。康熙第一次来济南时曾从门前走过,并未至署中,这次则是为了观看珍珠泉。每次来济南,康熙总与"泉"有脱不开的干系:五年前,康熙第一次邂逅趵突泉;这一次,他又第一次见到了珍珠泉。康熙当时看到的珍珠泉,面

趵突泉观澜亭(摄于1903年)

珍珠泉南岸的御碑亭（摄于1903年）

积跟现在差不多，一样是石砌泉池，泉水澄澈，游鱼衔饵，大者二尺，小者数寸。池边立着一块石碑，刻的是康熙前次在长清杜家庙行宫所书的御笔——"清漪"。康熙看着珍珠泉，心里想：还是济南好啊。这年，康熙帝因为直隶一带的旱灾而忧心忡忡，破例取消了在保和殿所设的国宴。而看到济南四溢的泉水，他不免想到若天下都似济南城这般，该有多好。

珍珠泉的北岸是座临水的花厅，康熙在此稍歇取暖。干坐着喝茶很是尴尬，投其所好，山东巡抚钱珏、山东布政使卫既齐等人跪请御笔留题——皇上，求您了，给写个字儿吧。康熙自有帝王的矜持："诸位臣工先写来一观。"诸大臣哪敢抢皇帝的风头，执意不肯。康熙再三要求，不写戏就演过了，写吧。礼部左侍郎张英写的是"澄怀"二字，"澄怀"作清心、静心解，这个词大有禅境，不愧是教导皇子的詹事府詹事。张英笔法有独到之处，他写字时，康熙回头对一同来济南的皇子胤禔说："看他用笔。"胤禔在康熙的子嗣里排行第五，康熙前四子皆夭殇，所以他捡了个漏，成了皇长子。但这个皇长子却是庶生，他的母亲是惠妃，庶子是无法与嫡子相企及的，所以他的弟弟胤礽2岁就被立为了皇太子。且不论这位皇长子当时的心态，单说这年胤禔17岁，史说其长相极为俊美。一位俊美的少年，在珍珠泉畔恭谨地看着师长写字，正应了"澄怀"二字。

赞善侍讲励杜讷写的是"洗心"，喻除去恶念杂意。励杜讷的官不大，但学问渊博，精于书法，并以书法步入仕途。励杜讷在朝选拔善书之士的考试中被录取后，正值宫殿更换匾额，众翰林奉敕书写匾文，皆不入皇上法眼，只有励杜讷所书被选中。他的儿子励廷仪也是大书法家，与江南书法家张照齐名，时称"南张北励"。

直隶巡抚于成龙写的是"澡志"二字。康熙朝有两位于成龙：一位是山西永宁州（今山西省方山县）的于成龙，"清官第一，天下第一廉吏"；一位就是这位陪王伴驾的"小于成龙"，古北口外潮河川（今河北省丰宁县）人。他之后，山东布政使卫既齐写了"观澜"二字，明摆着是为了不想抢皇帝的风头，所以写了一个在济南来说俗透了的词。卫既齐原是于成龙麾下的"县长"，曾被于成龙举荐，虽资历不深，却夙负清望。不久前，卫既齐刚被破格擢为山东布政使，他这种谨慎的低调也是必然。

其后，詹事府少詹事高士奇、大理寺少卿张鹏翮也都各书二字，但具体写的什么字，就没有记载了。翰林院编修陈元龙也在，因他擅长书法，为康熙所欣赏，所以让他也写两个字。就在前一年，康熙二十七年，陈元龙因牵连高士奇等"植党营私，表里为奸，招授纳贿"案，被休致回籍，刚被召回任詹事府右春坊右庶子。这位刚刚被打击了的臣子，自然不敢造次，执意不肯书写。康熙倒是能体会陈元龙的心情，再扯下去就坏了雅趣："不写就不写吧，别难为他，都看我的。"遂提笔自书"作霖"二大字。诸大臣环列敬观，自是好一通夸奖。

康熙乘兴又说："济南多名泉，趵突珍珠二泉为最。昔经过趵突，曾赋篇什。"言下之意，我还要给珍珠泉写一首诗。群臣自然知道配合，复求圣上留诗，以宠泉名。康熙即兴赋《观珍珠泉》诗一首：

一泓清浅漾珠圆，细浪潆洄小荇牵。

偶与诸臣闲倚槛，堪同鱼藻入诗篇。

群臣一番赞赏自不必说。暖和够了，圣驾自巡抚衙门后门出，经百花洲、大明湖，到了济南府的北门。五年前，康熙登上了济南府的南门城楼，观看的是历山风光。这次他要登上北城楼，阅城并远眺华山。在济南府的北城墙上，康熙皇帝北望鹊华，赋《登济南城望华不注》诗一首：

百雉城临济水隈，云山环拱接青莱。

更看瘦削孤峰色，独立亭亭秀作堆。

12点45分，康熙从济南府南门出城，直奔泰安而去。当天晚上，康熙驻跸长清县张夏店行宫。行宫内，康熙在他的"日记"里写下了他这次济南之行的感想：

六御重经历下城，频将疾苦问苍生。
肩摩毂击风犹在，土沃农恬世久平。
户户春灯佳节过，村村社鼓乐郊盈。
韶年渐布阳和泽，淑气晴光仗外横。

三

康熙四十二年，公元1703年，这年的上元节刚过，康熙皇帝就开启了他的第四次南巡之旅。

此时，康熙心情是愉悦的，头年的九月初五，庶妃高氏给他生了个大胖小子，取名"胤禝"。这一年，康熙已年近半百，正值五十岁整寿，诸王、贝勒、贝子、公、文武诸臣早早地将祝寿诗文缮写成册页进呈祝贺。就这样，老来得子的康熙，怀揣着群臣的祝福，踏上了南巡的征程。而这一年的山东，风不调、雨不顺，黎民百姓正处在灾荒中。几个月前，皇帝刚刚斥责了山东巡抚和布政使赈灾不力，责问山东赈灾迟缓，朝廷发去银两仍贮库内，京城派出的赈灾干部三百余员尚留济南，难道非要饥民逃散之后才开始赈济？此时的山东官场，暗流涌动。

正月十六，康熙皇帝从北京启程。十七日，过涿州。二十四日，至济南府。这天一大早，皇帝从济南府齐河县邱家岸行宫出发，直奔济南府城。在距城五里的迎恩亭前，山东巡抚王国昌、按察使赵宏燮、学政徐炯等守藩大臣正跪候圣驾。这几人跪在一处，却各有各的心思：抚台王国昌官气十足，却对待人和气，下属掌管的事项从不蛮横插手；刚上任的赵宏燮是个"不入流"的清流，平日总不满上司的强硬，要压他一头；学台徐炯则一心只算计着怎么往礼部里钻，混个礼部侍郎当当。皇帝来了，以往康熙皇帝南巡是骑着一匹白龙马，年近半百的他这次改乘轿辇。照例的群臣山呼万岁，照例的皇帝训勉一番，依照康熙数次来济南的原路，往济南府城进发。

銮驾径直来到济南府的西门，从西门入城，街道两旁依旧是夹道欢迎的百姓。进了城没多远，皇帝看见了故臣孙光祀的儿子孙叔询率

清代的济南府西门大街

兄弟子侄在自家门前跪着。孙光祀是康熙朝的老臣，官至兵部右侍郎，前后任职20多年，惩贪剔弊，侃侃敢言。孙光祀原先是平阴人，"考上公务员"以后把家搬进了济南府城，自言是"历城人"。孙家在济南的名声颇好。康熙十八年（1679），孙光祀以老乞归，回到家乡正赶上灾荒，于是拿出自家五百余石粮食，救济历城、长清、平阴、肥城饥民。因为他曾任的兵部侍郎一职别称为"少司马"，孙宅因而被称作司马府。司马府在济南城里非常出名，大门前有一道高大的雁翅影壁，一旁竖有旗杆，两旁有两块精雕细刻的上马石，气势非凡。孙家的宅子位于皇亲巷，宅子的大门开在西门里街的路北，也就是现在省府前街南口往东一点，原百货大楼对过。

这孙光祀有三个儿子，大儿子孙叔谐，是举人，候补内阁中书；二子名为孙叔诒，字燕叔，康熙二十六年举人，授刑部湖广司主事。三子孙叔询，字爱叔。以往，康熙南巡都是孙光祀迎接圣驾，几年前孙光祀死掉了，赋闲在家的儿子孙叔询就顶了上去。康熙来济南的前一天，孙叔询还颠颠跑去禹城黄家坊恭迎圣驾。孙叔询跟他爹孙光祀一样，留着一把大胡子，人长得也胖，被眼尖的康熙爷看见了。

康熙问："你是什么人啊？"

孙叔询回道："原兵部右侍郎加四级孙光祀之子，孙叔询叩迎圣驾！"噔

噔噔，忙不迭地磕仨头。

康熙说道："你是兵部右侍郎的儿子么！别说，和你爹一个模样。你多大年纪啦？"

孙叔询应到："臣四十岁了。"

走出五里之后，康熙又想起了老臣孙光祀，差御前侍卫海青前来询问孙光祀的情况——"旨问：你父亲多大年纪？"孙叔询跪奏："臣的父亲八十五岁，康熙三十七年正月初八就不在了。"

海青继续说道："皇上让你随驾，跟在后面。"

第二天，就在圣驾到了迎恩亭，皇上与王国昌进行例行对话的时候，孙叔询已经抄近路回到了济南城，领着兄弟子侄跪在门前了。

康熙起先没看见孙书询，而是看见他身后的尚书府的大宅门了。目光一转，才看见跪在门前的"大胡子"，大声说："你先来了吗！这房子是你家里吗？"

孙叔询回奏："是臣父亲旧宅。"这不是我的啊，我们弟兄几个还没分家呢——孙叔询腹诽道。

皇帝说："噢。我看你模样非常像你父亲，看见你我就想起孙老头来了。你现在是个什么官儿？"

孙叔询答道："臣是候补国子监典簿。"这个"典簿"，是过去一个正八品的低阶官职，国子监典簿厅、太常寺、光禄寺内有大量的这种职务，掌章奏文牍的起稿校注。搁在现在就享受副处级待遇，还是个"候补"的——没有实际职务。

皇帝招招手，说："来，起来说话，随驾陪我聊聊。"銮驾沿着现在的泉城路继续向巡抚衙门前进。康熙皇帝对辇侧孙叔询说道："如果你父亲还活着，该有多大年纪了？"

孙叔询回奏："臣父亲若在，八十九岁。"

康熙嘿嘿一笑："你说错喽，他不在了六年，若在时是九十岁了。"随说随晃荡脑袋，得意不已。孙叔询心说，我能不知道我亲爹多大吗？在禹城时，康熙曾差人问过这问题，孙叔询说他父亲死的时候八十五岁，皇帝去了虚岁加了六年，却没细细校核相差几月。

康熙又问："你哥哥在哪里？"

孙叔询心说，我俩哥哥呢，你问的谁啊，也不能反问回去，多不礼貌呀。得，挑官大的说吧："臣的哥哥现任刑部湖广司主事。"

康熙问道："叫啥名字？"

回奏："孙叔诒。"

康熙说："我知道孙叔诒。"孙叔询无奈地想，知道你还问？

康熙又问："同城像你们家这样的乡宦还有几家啊？"

孙叔询回奏："济南城里有两家，朱弘祚家与臣家。朱弘祚家在南城下，他有三个儿子，都当官了，一个郎中，两个主事。"朱弘祚是清代名宦朱昌祚的弟弟，累官至闽浙总督，有惠政，举卓异。朱弘祚是高唐人，入仕后也将家搬来济南府城，三年前去世。

康熙想想又问："高珩不在了，他没有子孙么？"康熙说的这个"高珩"是济南府淄川县人，官至刑部左侍郎，比孙光祀早一年去世。

孙叔询说："跟他家没啥联系了，微臣不知道。"

康熙又问："你父亲不在了，还过得好吗？"

孙叔询说："臣守祖业，遵父训不敢轻费。"

康熙说："你父亲是清官哦，就留下几亩薄田，你要守着祖宗遗业，不许花了。噢对了，你会做文章吗？"

孙叔询回奏："臣父蒙皇上天恩放回，一应家务俱是臣管理。臣小时做过文章，后因家事之累，做不得文章了。"

康熙点点头说："孝顺啊！见了你，和见了你父亲一样。"

两人有一搭没一搭地聊着，没多久，銮驾到了巡抚衙门的大门口，也就是现在的珍珠泉大院门口。孙书询很自觉地站在抚署的辕门之外，不往里走了。康熙拍了拍孙书询的手臂："你先别回去，在这里等着。"回过头又对侍卫说："你们记着他的名字。"皇上这是要干吗啊？是要赏赐孙书询点东西，怕侍卫一会出来找不着人了。

皇帝进去没一会,康熙的近身侍卫苏达就将皇上颁赐的东西拿出来了——糟鹿肉、奶皮子、满洲饽饽。皇帝笼络或奖赏下属,最直接的办法是赏赐吃的东西,称为"赐食",相当于皇帝请你吃饭了,比赏赐金银面子大多了。不过,吃皇帝请的饭并不是一件舒服的事情,孙书珣跪在地上磕了好一通头不说,回到司马府还要焚香供上一天,吃的时候要稽首俯伏而食。

回头再说康熙皇帝,进得抚院,驾轻就熟就先奔着珍珠泉去了,看了一会,又令随驾的臣子阿哥们陪着做了几首诗,不觉很快就到饭点了。在巡抚衙门吃过午宴,这位文武双全的皇帝写了一首《三渡齐河》即事诗,权作溜食了。这首诗是这样写的:

> 淑气霓旌绕,光风拂济川。
>
> 曾经三次渡,未若十年前。
>
> 疾苦劳宵旰,深恩赖保全。
>
> 颇知民食重,安抚责臣贤。

康熙写罢,令人将其悬挂在巡抚衙门外,晓示臣民一同观赏。之后,他又亲笔写了《督抚箴》一幅,赐给了山东巡抚王国昌。之前写的诗只是练练手,这幅《督抚箴》才是皇帝这次要做的正经事。"箴"是过去一种文体,以告诫规劝为主,这篇《督抚箴》是这样说的:"茫茫方域,分理需人。岳牧之选,实惟重臣。寄以封疆,千里而远。地则星罗,令犹风偃。控摄文武,统驭官司。绳违纠慢,宣德布慈。廉善是旌,贪黩毋宥。小眚是矜,吞舟毋漏……曾是源浊而流则清,曾是表正而景则倾。职汝之由……天讨我不敢私勖哉,有位敬听箴辞。"这一篇的大意是提醒督抚们心怀百姓,不能成为民贼,贪赃枉法。

有趣的是,同样内容的《督抚箴》在康熙南巡过程中写过四副,先后赐给了直隶巡抚李光地、山东巡抚王国昌、河南巡抚徐潮、江苏巡抚宋荦。其中,赐给宋荦的那幅至今尚存。

康熙皇帝一行从济南府的南门出城,从正觉寺街一路来到趵突泉,继续逛济南。先看水，后饮茶，坐柏树下又开始了他的文学创作。

先是御笔亲书了"源清流洁"四个大字，令人制成匾额，悬挂于趵突泉来鹤亭。为了这四个字，康熙爷还赋诗一首《趵突泉留题源清流洁四字》：

突兀泉声涌净波，东流远近浴羲和。
源清分派白云洁，不虑浮沙污水涡。

"源清流洁"是个成语，指源头的水清，下游的水也清，最早出自《荀子·君道》："源清则流清，源浊则流浊。"这个成语往往是用来比喻身居高位的人好，下面的人也好。这个成语使用的时候，后面还往往与另一个成语"本盛末荣"连用。显然，康熙爷对这些年自己的文治武功很是满意。

随后，康熙又书写了"润物"二字，也令人制成匾额，悬挂于珍珠泉。

眼看着快"收摊"了，山东学政徐炯赶忙上前跪奏："皇上，趵突泉东侧有一历山书院，这几年为国家培育了不少读书的人才，恳请皇上为书院留书。"这历山书院始建于大明朝万历四十二年（1614），是由当时的山东巡盐御史毕懋康创建，曾是明代济南最大书院。"六郡士子负笈求读者百余人，文风盛极一时。"明天启年间败落，后屡有兴建。清顺治十一年（1654）山东布政使张缙彦重修书院，并重建白雪楼，以祠明

康熙书《趵突泉》诗

代文坛"后七子"领袖李攀龙。康熙二十五年（1686），山东巡抚张鹏又重修。康熙三十九年（1700），徐炯选拔了士子120人到院学习，并捐赠图书数千卷，学风大盛。可以说，历山书院就是徐炯打造的精品工程，当然要请皇帝留下御笔，肯定自己的功劳。

康熙一听是给大学题词，那不含糊，欣然写下了"学宗洙泗"四个大字，令制成匾额，悬挂在书院内。"洙泗"即洙水和泗水，二水自泗水县北合流而下，至曲阜北，又分为二水，一南一北。传说孔子曾在洙泗之间聚徒讲学，后以"洙泗"代称孔子及儒家。

离开了趵突泉，沿着去往长清的大路径直西去。出杆石桥不远，大致今天南上山街北口这里有一个灵官庙，本地的臣子像历城县令等就要在这里跟皇帝告别了。康熙在送别的人群里又看见"大胡子"了，挥了挥手："回吧。"孙书询这才不再跟随銮驾回到司马府。皇帝回到北京后，圣恩眷顾，给孙书询在鸿胪寺谋了个实缺。这鸿胪寺掌管四夷朝贡、宴劳、给赐、送迎之事及国之凶仪、中都祠庙等，主要职责相当于今天的外交部礼宾司。孙书询凭着他爹孙光祀的功荫最终得到鸿胪寺少卿的职位，从五品文官。

这一年的九月，御史顾素参劾山东巡抚王国昌匿灾不报，"又复同布政使刘暟，欲开（捐纳）事例，补其亏空"。康熙爷为王国昌开脱："王国昌不过一老实人，朕曾询问李光地、张鹏翮，伊等亦言王国昌在地方并无苛索，亦无劣迹。惟刘暟，在京时即落拓无依，初靳辅在河工时曾任用之，后以中路出兵运米，升至布政使，乃一能巧匪人。将王国昌任意驱使，甚易事耳。"康熙对王国昌的印象是非常好的，说他是老实人，是受了布政使刘暟连累才如此的。议覆的结果，是令王国昌、刘暟继续留省，山东按察使赵宏燮如愿接了刘暟的班，转任布政使。

第二年，刚上任的山东布政使赵宏燮奏报：原山东布政使刘暟亏空库银。户部议覆："山东巡抚王国昌、擅收赈养饥民官员银两贮库，以致不得即行赈养，应加议处。"二月，经刑部复查："此项（亏空）银两刘虽称借与济南等六府赈济挪用，但州县又称并未领到，应将刘暟照律拟斩监候。原任巡抚王国昌将存贮沂州之银擅用，至康熙四十一年盘库时，竟保题并无亏空，王国昌应照律杖一百、流三千里。系旗人，枷号两个月。"康熙帝命九卿会议，判令刘暟、王国昌及济南等六府知府应限月分赔，限两月内赔完。王国昌、刘暟的亏空与康熙南巡不无关系，但又都不想承担亏空的责任，及盘库时刻意隐瞒，个中内情，都发生在署内，无非是同僚之间的互讦曝光……

四

很少有人知道，爱新觉罗·胤禛也来过济南。

清世宗爱新觉罗·胤禛，也就是人们常说的雍正皇帝，是清朝第五位皇帝，定都北京后的第三位皇帝，康熙帝第四子。雍正是清朝历史上最为勤勉的皇帝，勤勉到没有任何爱好。雍正的前任康熙皇帝，分别于康熙二十三年（1684）、二十八年（1689）、三十八年（1699）、四十一年（1702）、四十四年（1705）、四十六年（1707）六次南巡；而他的继任者乾隆皇帝，分别于乾隆十六年（1751）、二十二年（1757）、二十七年（1762）、三十年（1765）、四十五年（1780）、四十九年（1784）六次巡幸江南，并四次东巡谒拜盛京祖陵。这一茬皇帝，似乎就存在着这种喜欢巡视的基因。但，这种基因是隔辈遗传的。

不同于康熙和乾隆，雍正在位十三年，对于紫禁城外面的世界没有丝毫兴趣。他从不外出巡游，甚至连承德避暑山庄都懒得去，这种性子就仿佛不是康熙的亲儿子一般。雍正也不喜欢作诗，而他的儿子乾隆皇帝一生作过四万多首诗。雍正，这么一个没有生活情趣的人，竟然在有生之年来过济南，而且还留下了两首诗文，这就值得我们讲述一番了。

雍正来济南时还不是皇帝，那年，他还是年轻帅气的禛贝勒。那年，他是被"裹挟"来济南的；那年，他是被命令作诗的……那年，是康熙四十二年。

胤禛的济南之行，得益于康熙的家风家教。康熙认为，皇子应该多到地方上走动，多看、多听、多历练，才能培育成合格的接班人。康熙出巡、出

雍正皇帝

征时,都会带几个亲生儿子,随他一同出发,以便言传身教。康熙四十一年(1702)正月廿八,康熙西巡五台山,令皇太子胤礽、四贝勒胤禛、十三阿哥胤祥随行。到了六月初九,又奉仁宪皇太后往塞外避暑,令皇太子胤礽、直郡王胤禔、四贝勒胤禛、十三阿哥胤祥、十四阿哥胤祯、十五阿哥胤禑、十六阿哥胤禄随行。这一年,禛贝勒着跟他爹四处巡幸;这一年,康熙却因为家事搞得很是郁闷。

康熙四十一年的九月初五,康熙皇帝刚得了个龙子,取名胤稷。康熙正盘算着几年后出巡又能多带一个儿子,还没乐呵几天,僖嫔薨,康熙停朝两日。九月廿五,康熙第四次南巡视察河工,皇太子胤礽、四贝勒胤禛、十三阿哥胤祥随行。胤禛本应该在这一年就来济南城的,但因为第四次南巡的夭折,胤禛一直到康熙四十二年才成行。这次南巡夭折的原因也很蹊跷——皇太子病了。

皇太子胤礽,是清朝第一位也是唯一一位明立皇太子,却也是最曲折、最倒霉的太子。康熙四十一年十月初五,皇太子胤礽病倒在济南府德州行宫,康熙立即召索额图来照料太子。索额图是谁?当年辅佐康熙计擒鳌拜,后来代表清廷签订中俄《尼布楚条约》的中枢重臣。索额图同时又是皇太子生母孝诚仁皇后的叔父,与太子一党关系密切,是太子党的首辅。早在康熙四十年,鬼精的索额图看着风声不对，就申请退休，康熙不置可否。这次康熙让索额图来伺候皇太子，就是想看看索额图与皇太子的表现，可谓别有用心。十月初七，康熙命十六岁的十三阿哥胤祥祭泰山。康熙对这个皇十三子一直青睐有加，自康熙四十年以后的出巡经历中，康熙除了一个皇子都不带的情况外，扈从名单中必有皇十三子。胤禛是支持胤礽的，而胤祥与胤禛关系最亲密。

康熙四十一年十月廿一，康熙皇帝中断了南巡，启程返京，皇太子暂留德州调理。一直到十一月十九日，皇太子病愈，才遵旨返京。

康熙四十二年（1703）正月十六日，刚刚过完元宵节的康熙帝又开启了第四次南巡之旅，同时命皇太子胤礽、皇四子多罗贝勒胤禛、皇十三子胤祥随驾。一路顺风顺水，十七日过涿州，二十四日就到了济南府城，这是康熙第三次来到这里，胤禛第一次、也是唯一莅临济南城。这年，胤禛二十六岁。

是日，禛贝勒随着康熙的銮驾由泺源门入城，至山东巡抚衙门，也就是今天的珍珠泉大院，在花厅观看珍珠泉。吃过午饭，出南门折向西至趵突泉。当晚，康熙驻跸于济南城西南30里的长清县黄山店（今济南市市中区陡沟街道黄山店村）。

吃过晚饭，君臣例行文字游戏。康熙亲笔书"源清流洁"四个大字，令悬趵突泉；又书"润物"二字，令悬珍珠泉。皇太子为趵突泉题写匾额"涤虑清襟"（后来悬于趵突泉观澜亭，乾隆初年废去）。康熙又令众臣题写济南泉水诗，并规定了趵突泉诗限七阳韵，珍珠泉诗限八庚韵。限七阳韵、八庚韵是写诗的要求，诗要押平水韵的这两个韵部，即把相同韵部的字放在规定位置上。

每次出巡，康熙都要做这种文字游戏，每次做这种游戏，随行的诸皇子是必须要出作品的。不出意外，禛贝勒这次是免不了要为济南留下诗文的，躲不掉。同康熙、乾隆不一样的是，胤禛不喜欢，也不善于作诗。雍正即位后，在他所著的《雍邸集》中这样说道："朕素不娴声律，每于随从塞北、扈跸江南，偶遇皇帝命题属赋，勉强应制，一博天颜欢笑，初不记字句工拙"胤禛为了应付老子，勉为其难又冒充了一回诗人。

禛贝勒先是做了一首五律《珍珠泉应制（限八庚韵）》，诗曰：

> 珍珠旧有名，官署一泓明。
>
> 似沸光靡定，无风浪自平。
>
> 流长知物润，源洁觉心清。
>
> 两度邀宸赏，澄泓荷宠荣。

"流长知物润，源洁觉心清"句，应了康熙题写的"源清流洁"四字。诗中"两度邀宸赏"句，说的是康熙两次临幸济南观赏珍珠泉。康熙二十三年十月初八日康熙来济南的时候，先是观看了趵突泉，后由西门入城，登南门城楼后出城，并未观看珍珠泉。禛贝勒显然是知道这一节，康熙三次来济南，只有两次看过珍珠泉，调查得很细致。而诗中"澄泓荷宠荣"颇具心思，这句字面的意思是清且深的泉水承载了皇帝的恩宠和眷顾，内中的却捎带上了两个人，一人是历城知县管承宠，一人是长清知县崔锡荣，管承宠和崔锡荣二人姓名的末字即"宠荣"，这两个人当晚都在行宫，禛贝勒便将其嵌入了诗句中。唯诗中"泓"字与韵脚属同一韵部，犯韵，果如胤禛日后所说"不记字句工拙"——他真的不怎么会作诗。

禛贝勒又作《趵突泉应制（限七阳韵）》七律一首，诗曰：

> 历下重临羽旆扬，名泉漾漾丽池光。
>
> 拂开玉镜涵天影，看涌银涛喷雪香。
>
> 睿藻昔曾悬日月，恩辉今又照沧浪。
>
> 温然乳液通灵脉，派引阳和浩劫长。

诗中"睿藻"指的是康熙前两次来趵突泉的题诗，俱已刻成石碑立在泉畔。

应制诗大抵都是这样四平八稳的，内容没什么好说的。但胤禛的这次行程，是他唯一一次大江南北之行。离开济南后，禛贝勒过泰安，登泰山；经蒙阴，在宿迁视察河工；后渡黄河，经淮安、扬州，在瓜州渡长江，到镇江，游金山寺；南行过苏州、嘉兴、杭州、江宁，谒明太祖陵；经沛县、东平、聊城等地回到北京，历时三个月。除了这两首，途中他还一路作了《望岱》《过蒙阴》《金山夜泊遇雨》《雨中泊舟枫桥遥对虎阜》《扈驾幸西湖》等诗。

这年的五月，内大臣索额图因"议论国事，结党妄行"之罪，被宣布为"天下第一罪人"，圈禁宗人府，九月二十一因饥饿而死。索额图的

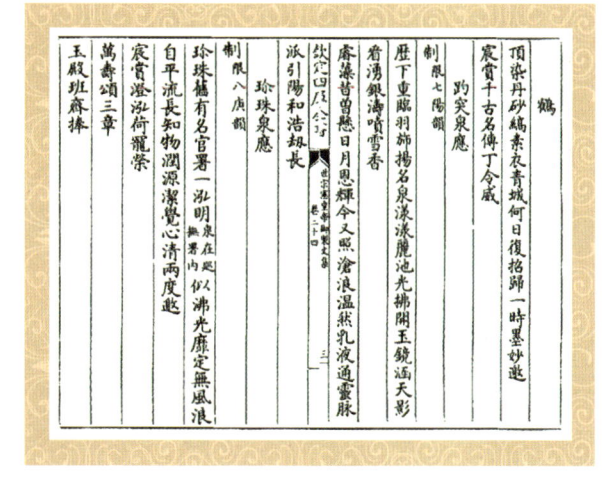

《四库全书》中收录的雍正《趵突泉应制》诗

同党多被杀，被拘禁、被流放；同祖子孙都被革职，其二子格尔芬、阿尔吉善被处死。

康熙四十三年（1704）二月二十三日，康熙十九子爱新觉罗·胤穤病卒，他多带一个儿子出巡的愿望破灭。四十七年（1708）五月，皇太子胤礽被废黜。次年，胤禛被封为和硕雍亲王。康熙六十一年（1722）十一月十三日，康熙帝在北郊畅春园病逝，胤禛继承皇位，次年改年号为"雍正"。

五

第三位来过济南府城的皇帝，是清高宗爱新觉罗·弘历，也就是人们常说的乾隆皇帝。

1748年，孟德斯鸠出版了《论法的精神》。在书中，他把一个运转良好的君主政体与"宇宙系统"做了比较：在宇宙系统中存在着"一种吸引力"，它能够"吸引"所有物体趋向"中心"。在1748年，中国的"中心"是乾隆皇帝。

乾隆十三年（1748），当时中国的"中心"乾隆皇帝奉皇太后东巡，途经

济南。他给济南带来了诗,带来了传说,也带来无端的猜测。这是乾隆第一次出巡山东,刚刚从曲阜泰山祭祀归来。三月初三,乾隆奉皇太后驻跸开山,开山的位置就在今崮山立交一带,离济南二十公里。初四一早,乾隆从开山大营起驾到济南城下。乾隆作了《车驾至济南驻跸》一诗,来表达他此时的心情:

> 谒圣祀岳回,便道至历下。
>
> 周巡千里余,于焉少休暇。
>
> 都会验风谣,牧伯咨民社。
>
> 筹政急当务,先后岂容借。
>
> 连年灾祲余,安民为要也。
>
> 召父与杜母,古有今岂寡?
>
> 申命群有司,助予不逮者。

表现欲极强的乾隆想告诉人们——他并不是游山玩水的,但事实证明,他在济南期间并没少游玩山水。乾隆一行在济南玩得很嗨,三月初四游览了趵突泉,三月初六日游览了历下亭,三月初七再一次游览趵突泉。又逛了大明湖,忽想起大内宫中还藏一轴赵孟𫖯的《鹊华秋色》图,便又跑到鹊华桥上专门站了站,瞧着如画的景儿,乾隆又诗兴大发了,写下了《题鹊华桥三首》。

鹊华桥北面就是大明湖。提及大明湖,很多人都会想到那个众所周知的老梗——"皇上,您还记得当年大明湖畔的夏雨荷吗?"乾隆皇帝若是能回应,一定会说:"姑娘,我真不认识你啊!"

"夏雨荷"是谁自不必说,大多数人都晓得,比济南城的大明湖还出名。这个梗出自琼瑶小说《还珠格格》,讲乾隆爷出巡济南,在大明湖畔躲雨时邂逅济南小妮儿夏雨荷。平日里,围着风流天子转的那都是娘娘之类的大家闺秀,忽见到婉约风的小家碧玉,自然一见倾心⋯⋯十八年后,夏雨荷带着满腹对乾隆爷的爱恨情仇去世,露水姻缘的结晶夏紫薇则去了北京寻亲,就喊出了这么一句话:"皇上,您还记得当年大明湖畔的夏雨荷吗?"

乾隆皇帝知道这事吗?他自然不知。因为乾隆爷是位有情有义的爷们,是个痴情种子，这又是个什么缘由呢？那就要从乾隆爷来济南府城的次数说起了。

乾隆十三年（1748）至五十五年（1790）间，乾隆东巡到过山东五次；乾隆十六年（1751）至四十九年（1784），乾隆南巡经过山东六次，那一通折腾可把山东官员、老百姓折腾了个够呛。这期间，乾隆皇帝路过济南十次，但奇怪的是乾隆爷只进过济南城一次，其余九次在济南城边打了个晃就走了。过济南城而不入这是为何？这里面也有个典故，讲的却不是乾隆爷花心，而是证明了他的痴情。

乾隆皇帝

乾隆皇帝在乾隆十三年（1748）奉皇太后东巡，行至济南，入城少不了一番游览。这是乾隆皇帝第一次邂逅济南城，也是他最后一次进济南城。这，只因为一个女人。

随着乾隆南巡的还有一个人，那就是乾隆皇帝的原配妻子孝贤皇后富察氏。据传富察氏姿容窈窕、性格恭俭，平居冠通草绒花，不御珠玉，扔现代来看那就是素颜"森女"啊。乾隆爷很喜欢这个调调，对他的这位原配妻子"每加敬服，钟爱异常"。乾隆皇帝一生中他身边共有四十一位后妃，其中有三位皇后、五位皇贵妃、五位贵妃、六位妃、六位嫔、十二位贵人、四位常在，孝贤皇后是乾隆皇帝最钟爱的一位。谁知，富察氏到了济南之后忽然微感风寒，休息了几日后略有好转。三月初八日乾隆一行回銮，三月十一日到达德州，弃

皇帝的护卫队伍

车登舟，准备走运河从水路回京。富察氏却病情忽变，当晚亥时便病死在船上，年仅37岁。

乾隆帝立即将皇后病死的消息上奏皇太后，皇太后亲自到皇后船上探望了孝贤皇后，"悲恸良久"。随后，乾隆帝命庄亲王允禄和亲王弘昼恭奉皇太后御舟缓程回京，自己在德州料理孝贤皇后丧事，并谕告天下："……言念大行皇后，乃皇考恩命作配朕躬。二十二年以来，诚敬皇考，孝奉圣母，事朕尽礼，待下极仁，此亦宫中府中所尽知者。今在舟行，值此事故，永失内佐，痛何忍言？昔古帝王尚有因巡方而殂落在外者，况皇后随朕事圣母膝下，仙逝于此，亦所愉快。一应典礼，至京举行。布告天下，咸使闻知。"随后，乾隆皇帝在给礼部的谕旨中写道："皇后富察氏，德钟勋族，教秉名宗，作配朕躬二十二年。正位中宫一十三载，逮事皇考克尽孝忱，上奉圣母，深蒙慈爱。问安兰殿，极愉婉以承欢；敷化椒涂，佐忧勤而出治。性符坤顺，宫廷肃敬慎之仪；德懋恒贞，图史协贤明之颂。覃宽仁以逮下，崇节俭以褆躬。此宫中府中所习知，亦亿人兆人所共仰者。兹于乾隆十三年三月十一日崩逝，睠惟内佐，久籍赞襄。追念懿规，良深痛悼。宜加称谥，昭茂典于千秋；永著徽音，播遗芳于奕禩。从来知臣者莫如君，知子者莫如父，知妻者莫如夫。朕作赋皇后挽诗，有'圣慈深忆孝，宫壸尽称贤'之句，思惟'孝贤'二字之嘉名，实该皇后一生之淑德。应谥为孝贤皇后，所有应行典礼，尔部照例奏闻。"丧妻之痛的皇帝，亲自为自己妻子富察氏定谥号为"孝贤"。后经嘉庆、道光两朝加谥，全谥"孝贤诚正敦穆仁惠徽恭康顺辅天昌圣纯皇后"。

三月十四日，乾隆帝护送孝贤皇后的梓宫到天津。皇长子永璜在此迎驾。三月十六日未刻，孝贤皇后梓宫到达通州，暂安在芦殿内。在京亲王以下、三品官以上齐集通州。皇子们在孝贤皇后梓宫前祭酒，举哀行礼。当天戌刻，孝贤皇后梓宫到京。文武官员及公主、王妃以下，大臣官员、命妇，内府佐领内管领下妇女分班齐集，缟服跪迎。由东华门入苍震门，奉安梓宫于孝贤皇后生前居住的长春宫。三月二十五日，孝贤皇后梓宫奉移景山观德殿暂安，后又迁至静安庄，一直至乾隆十七年十月十三日辰时，才移梓宫至直隶遵化州清东陵。十月二十七日，孝贤皇后梓宫奉安于胜水峪地宫。

乾隆十四年（1749），乾隆皇帝在《鹊华秋色》图上题下了这样一段文字："嘉话自诩游不孤，归来登舟值变故。是卷废置过年余，岁暇胡然入眼纷愁予，两朵天花乃好在……虑致鲁鱼难补记，解颐笑谓有是夫，千秋后人执卷以题咏，其谁守禁为汝停吟觚？"悲切之情，溢于言表。孝贤皇后的死，对乾隆的打击很大，甚至影响了乾隆的性格，自此开始了贯穿他一生的祭奠活动和漫长怀念。

乾隆一生中只有三个重要的

济南府城南门

女人：生母崇庆皇太后、结发妻孝贤皇后和最小的闺女十公主，因孝贤皇后在济南发病而薨，乾隆爷怕触景生情，所以之后九过济南而不入。有诗为证：

    大明湖已是银河，鹊驾桥成不再过。

    付尔东风两行泪，为添北渚几分波。

  这是乾隆十六年（1751），乾隆帝南巡途经济南时所作的《过济南杂诗》，他每次途经济南时都不自觉的触景生情。乾隆三十年（1765），乾隆途经济南时作《四依皇祖南巡过济南韵》一诗："四度济南不入城，恐防一入百悲生。春三月昔分偏剧，十七年过恨未平。"乾隆四十五年（1780）途经济南城时又作《七依皇祖南巡过济南韵》一诗，诗云："昔曾一驻济南城，过弗入徒余恨生（戊辰春驻济南，孝贤皇后于此遘疾，遂至不起，因不忍复至其地。后跸途屡经，率皆径过。）"乾隆四十九年（1784），乾隆皇帝途经济南仍不忍入城，作《八依皇祖南巡过济南韵》诗："八度经过弗入城，未为禅理契无生。（戊辰春初次东巡，驻跸济南，孝贤皇后于此违疾，遂至不起。嗣后自辛未逮今甲辰，凡八度经过，皆弗入城，合之生本无生之说，尚觉未忘芥蒂耳。）"乾隆五十五年（1790），乾隆已是80岁的老人了，他最后一次经过济南城时，对此痛仍念念不忘，所作《九依皇祖过济南韵》一诗中写道：

    即今九过济南城，奎韵十全太熟生。

    历下逝仙恨岂忘，八旬偕老意难平。

六

  自打乾隆皇帝不入济南府城后，他每次路过济南城下最常去的地方就是趵突泉了。其实，早在他第一次来到济南时，就深深地喜欢上了那三眼汩汩涌流的泉了。

  乾隆十三年（1748）三月初四，乾隆第一次去趵突泉时，瞻仰其皇祖康熙手书御碑"激湍"后，写下了《趵突泉恭依皇祖御题原韵》一诗：

> 穹碑瞻圣藻，古寺驻春旗。
> 即景清明日，湔裳大小玑。
> 波心翻雪练，石齿漾苔衣。
> 对此蠲尘虑，从添逸兴飞。

这时候乾隆才27岁，风华正茂意气风发。

初七这天，乾隆在趵突泉边再次看到了64年前康熙帝题写的"激湍"御碑，感慨良多。与他爷爷不同，乾隆皇帝是个喜欢四处题写"到此一游"的人，不让写也硬给你写。乾隆决计在康熙的御碑上题词，刻在碑的背面。于是，就有了《再题趵突泉作》这首诗：

> 济南城南古观里，别开仙境非尘市。
> 致我清跸两度临，却为趵突三窦美。
> 喷珠屑玉各澜翻，孕鲁育齐相鼎峙。
> 汇为圆池才数亩，放泺达江从此始。
> 朱栏匼匝接穹楼，祀者何仙钟吕子。
> 曲廊蜿蜒壁勒字，题咏谁能分姓氏。
> 过桥书室恰三楹，研净瓯香铺左纸。
> 拈咏名泉已知多，沈兹实可称观止。
> 曾闻地灵古所云，屯膏殄享恐非理。
> 拟唤天龙醒痴眠，今宵一洒功德水。

这首诗押仄韵，因平仄不合律，故属仄韵古风类。每一个韵脚的字（里、市、美、峙、始、子、字、氏、纸、止、理、水）都采用上声四"纸"韵部，一韵到底，共20句、140字。

大意是：济南城南有座古观，如同仙境一般，绝非尘世所能比拟。我两次来临观赏，主要因为趵突泉的三股泉水太美丽了。喷出的泉水如同宝珠和玉屑般在三个出口波澜翻滚，恰似三足鼎立一样并峙着涌出，孕育齐鲁大地的子民和万物。泉水喷涌汇集的这个池子不过数亩，但却是远通江河的泺水的源头。泉池四周红色的栏杆环绕，连接附近巍峨的楼阁，泉池边上古观里供奉的原来是钟离权和吕洞宾这两位神仙。周围曲廊蜿蜒并且墙壁间有许多诗文石刻，现如今谁又能辨清这些人的名字呢？过了来鹤桥有三间书房，已经研墨、煮茶并且铺开了纸张。我题咏过的名泉已经很多，但趵突泉实在是叹为观止。曾听说这里古人都称赞为地灵之区，那么上天屯集甘霖而不与尘世万物享用恐怕不合道理吧。我祈望唤醒沉睡中的天龙，请今宵降下功德无量的雨水。

如今，这座刻有两位皇帝御笔的御碑仍竖立在趵突泉的北侧。为了方便游客观赏，又原样复制了一块御碑，立在了趵突泉南岸。两碑之间，三股水喷雪溅玉，涌流不息。

一样是泉水，珍珠泉却含蓄得多，这种含蓄更惹喜爱。乾隆是人，自然也不例外。那一年，乾隆一行驻跸山东巡抚衙门，珍珠泉就在这里。面对串串涟漪的珍珠泉，乾隆皇帝作《珍珠泉》一诗：

济南多名泉，岳阴水所潴。
其中孰巨擘？趵突与珍珠。
趵突固已佳，稍借人工夫。
珍珠擅天然，创见讶仙区。
卓冠七十二，分汇大明湖。
几曲绕琼房，一泓映绮疏。
可以涤心志，可以鉴眉须。
圆流有灵孕，颗颗旋相于。
乍如历海峤，鲛人捧出余。
又如对溟渤，三五呈方诸。
作霖仰尧题，泽物留神谟。
我来值暮春，农夫正新畬。
看彼芃芃者，欣此涓滑如。
安得符圣言，远远均沾濡。

当天还没吃完饭，乾隆就把明天要玩儿的地方谋划好了——先去千佛山，再去舜庙，来一日"大舜之旅"。乾隆下旨道："缅想重华之盛，实元德之

在南门城楼上看到的济南风光（摄于清末）

区，景仰匪遥，仪型甚迩。"让地方官连夜把舜庙打扫一番，他次日要去参拜。皇帝说的话那自然是圣旨，府县官员如何安排行程、打扫卫生按下不表。

单说这第二日，也就是三月初五日，乾隆先去皇太后行宫问安。皇太后说，你也别光知道玩，来了山东首府，就去把山东地面的军务视察处理好。乾隆领了命，去演武场检阅了济南、青州、兖州的三营兵马，并亲御弓矢。将士现场操练，连发皆中——那肯定是不敢不中呀。乾隆皇帝阅兵也不闲着，顺口作了首诗：

广甸芜烟暖，崇台旭影晴。

居安修武备，巡狩效先程。

组练云中耀，钲螺风外鸣。

青齐寻禹迹，便与诘戎兵。

乾隆念完虚头巴脑的诗，接着就该犒赏三军了。他下旨将山东之德州、青州等处及直隶天津、沧州、驻防官兵中，查明年龄在70岁及80岁以上者，分别加以赏赐。同时,赏赐阅兵时派出青州将军所辖驻防德州兵丁一月钱粮,遣官祭贤良祠。

阅兵之后,乾隆又登千佛山,亲诣帝舜庙行礼。出了舜庙,照例又是打油诗一首:

>孝称千古独,德并有唐双。
>
>历下仪刑近,城中庙貌庞。
>
>春风余故井,云气护虚窗。
>
>缅继百王后,钦瞻心早降。

初六这天,乾隆登上城楼,检阅济南府城。随后,乾隆游览了百花洲、鹊华桥,泛舟大明湖,登历下亭。

三月初八,乾隆帝奉皇太后回銮,意犹未尽地踏上了回京的路程。途中,乾隆在日记里写下了这次济南之行的印象:

>初识济城好,波明山翠攒。
>
>奇观才约略,春色未阑珊。
>
>野鸟啼朝日,村花艳去鞍。
>
>不教游兴尽,警跸命回銮。

第八章

JINAN 济南故事

怪力乱神

《论语·述而》曰:"子不语,怪力乱神。"

怪力乱神,意思是指关于怪异、勇力、叛乱、鬼神的事。孔子大力提倡仁德、礼治,敬鬼神而远之,所以在《论语》等儒家经典中,很少见到孔子谈论怪力乱神那些迷信的事。因此,人们以"子不语"代指那些怪异的事物。

怪力乱神,子所不语。圣人不聊的事,圣人之外的人自然就喜欢谈论。济南古城范围内的奇闻逸事非常多,有的流传于民间,有的录于文人笔记,有的载于邑志。清代蒲松龄撰写的《聊斋志异》,以及纪晓岚的《阅微草堂笔记》、袁枚的《子不语》等清人笔记中,就记载了许多在明府城里发生的奇异故事,其中尤以《聊斋志异》堪为代表。

一

《聊斋志异》是清代小说家蒲松龄创作的一部短篇小说集,通行本全书共有短篇小说491篇。"聊斋"是蒲松龄的书斋名,"志"是记述的意思,"异"指奇异的故事,指在聊斋中记述奇异的故事。康熙元年(1662),蒲松龄22岁时开始撰写狐鬼故事。康熙十八年春,40岁的蒲松龄初次将手稿结集成书,名为《聊斋志异》,由高珩作序。此后屡有增补,直至康熙三十九年前后及康熙四十六年,该书还有少量补作。《聊斋志异》的写作历时四十余年,倾注了蒲松龄大半生精力,生动记录了清代山东地区的人文风情。

《聊斋志异》卷四中的《寒月芙蕖》一文,为我们讲述了一个发生在济南明府城中的传奇故事。

济南城里有一位道士,不知他是什么人,也不知他姓甚名谁。无论冬夏,总是穿件夹衣,腰上系条黄带子,此外再不穿别的衣服。常用一把半截梳子梳头,梳完,把头发挽成个发髻,用梳子别起来,像戴着个帽子一样。道士天天赤着脚在市上游逛,夜里就睡在街头,身体周围几尺以外的冰雪都融化得干干净净。

道士刚来济南的时候,常给人表演魔术,街上的人都争着送他食物。有个市井无赖，送给他一些酒，想跟他学魔术，道士不肯。一次，无赖正好碰上道士在河里洗澡，便突然抱走了他的衣服，以此要挟他。道士向他作揖说："请你还给我衣服，我一定不吝惜自己的这点小法术。"无赖怕他骗自己，抱着衣服不肯放下。道士说："你真不还我吗？"无赖说："不还！"道士默默地不再说话。一会儿，忽然见那条黄带子变成了一条大蛇，绕着无赖的身子缠了六七圈；又昂起头，嘴里吐着红信子，怒目瞪着无赖。无赖大吃一惊，急忙跪倒在地，脸也吓青了，气也喘不过来了，嘴里连喊饶命。道士一把抓过那条黄带子，竟然不是蛇。另有一条蛇，蜿蜿蜒蜒地爬进城去了。

从此以后，道士更加出名。那些官绅家听说了他的奇异本领。都把他请了去，与他交往，从此道士不断出入于富贵人家。连司、道的长官都听说了他的名气，每次宴会，也总是把他请了去。

一天，道士声称要在大明湖水面亭设宴，回请各位长官。到了那天，每一个被请的客人都在自己的桌子上得到一份请帖，但谁也不知请帖是怎么送来的。客人们如约赶到设宴的地方，道士躬着腰，恭敬地出来迎接。走进亭子一看，什么都没有，静悄悄的，连桌椅都没设。大家怀疑道士在说谎骗人。道士对几个官员说："贫道没有仆人，想借借你们的随从，来帮帮忙。"官员们都答应了。道士便去一面墙壁上画了两扇门，然后用手敲敲，墙里面竟传出了答应声，接着是开锁声，哗啦一声，门敞开了。大家一起往里瞧去，见里面影影绰绰地有好多人正来回奔忙，屏风帐幔、床榻桌椅一应俱全。有人不断地把这些东西递出来，道士命官员的随从们接过来排列在亭子里，还嘱咐他们不要和里边的人讲话。双方传递东西时，只是互相打量着笑笑。不一会儿，亭子里便摆满了，用具都极为华丽。接着，又从门里边递出散发着阵阵香味的美酒和热气腾腾的佳肴。客人们见了，无不惊骇诧异。

水面亭本是背靠湖水的。每当盛夏六月时，几十顷湖面盛开荷花，一望无际。道士开宴时，正值隆冬，从窗户里往外望去，绿色的湖水一片茫茫，只有清波在荡漾而已。一个客人偶然叹息着说："今天的盛会，可惜没有莲花点缀！"大家都有同感。过了会儿，一个穿青衣的仆人奔跑进来说："荷叶长满池塘了！"满座人吃惊，推开窗子往外一望，果然满眼都是绿葱葱的荷叶，中间夹杂着数不清的荷花苞。转瞬间，千万朵荷花一齐怒放，严寒的北风吹来，送来了沁人肺腑的荷香。大家都大感惊异，便派了一个仆人荡着小船去采些莲子来。远远看见仆人进了荷花深处。过了不久，仆人返回来，空着两手回话。官员问他怎么没采到，仆人说："小人驾着船去，见荷花总是在前面隔得很远。一直划到北岸，又见荷花远远地开在湖的南面。"道士笑着说："这不过都是幻梦中的空花罢了。"不久，酒宴结束，荷花也凋谢了。一阵北风吹来，将一片残荷败叶全都吹倒在水中，再也看不见了。

客人中有个济东观察，很喜欢道士的法术，将他请到官衙中，天天玩乐。一天，这位观察与客人一起喝酒，他有种家传好酒，每次请客，最多一斗，不肯让客人多喝。这天，客人喝了酒后，觉得味道很美，喝完一斗，还要再喝。观察执意不许，说酒快没有了。道士便笑着对客人说："你一定要过足酒瘾，跟我要好了！"客人请他拿酒。道士取过酒壶，塞进袖筒里；一会儿拿出来一看，满满一壶，给在座的都斟上。壶里的酒与观察家的酒味道没什么两样。于是大家尽欢而散。观察起了疑心，客人走后，忙去看看自家的酒坛子，见坛口上依旧封得很严实，抱起来一摇，空空的，一点酒也没有了。观察既羞愧又愤怒，把道士抓了起来，说他是妖怪，命人用棍子痛打。棍子刚打到道士身上，观察便觉得屁股一阵剧痛；再打，屁股上的肉像要裂开一样。道士装模作样地在台阶下声嘶力竭，观察屁股上的血却已染红了座椅。观察只得命令不要打了，将道士赶了出去。

从此道士离开了济南，不知到哪里。后来有人在金陵遇上他，还和在济南时一个打扮。问他话，笑而不答。

"寒月芙蕖"的故事自然是假，但故事的发生地却是真实存在的。天心水面亭是明府城内的一处临水建筑，亭名取自宋代邵雍诗句"月到天心处，风来水面时"。在明府城的历史上，曾有两个水面亭。天心水面亭始建于天历三年（1330）春，为元代大学士李泂所建，位于元代的超然楼附近。元翰林直学士兼国子祭酒虞集曾奉元文宗图帖睦尔之命作《天心水面亭记》，文中记述了天心水面亭筑建之始末:"天历三年春,臣(虞)集、臣(李)洞、臣(柯)九思,得侍清闲之燕,论山川形胜。臣九思曰:'济南山水似江南,殆或过之。'臣洞之居在大明湖上,壅土水中而为亭,可以周览其胜,名之曰"天心水面亭",可想见其处矣。"元代的这座天心水面亭随着时光的流逝早已荒废。

明代初年,有人在大明湖南岸另建一座水面亭,亦称"天心水面亭",蒲松龄文中的故事就发生在这座水面亭里。清人董芸在《水面亭》注文中云:"亭在鹊华桥下,北临湖水",据此,该亭在大明湖南岸、鹊华桥迤北。明人刘敕在《历乘》中记述该亭:"楼台轩敞,绚然于湖水之湄,榜曰'湖山嘉境'。倚栏南望,乱峰入云,青林翠竹,五色交辉;北则垂杨袅袅,鹊华出树杪丈许,光景恍惚,隐隐如画图中。"因乘船可"荡漾于万荷之中,骚首弄

当代复建的天心水面亭

波,寒香沁肺;沉鳞竞跃,目饫心怡",故而被明代人列为"历下十六景"之一,称为"荷香北渚"。又据清康熙《山东通志》记载:"明建文时,铁尝犒军于此。"明代靖难之役期间,铁铉还曾在此犒劳过守城将领。

《寒月芙蕖》说的是一位道士济南城内四处秀"神技"的趣事,而《丐僧》一文则为我们讲述了一位和尚四处寻找机缘的故事。

济南明府城内有一个和尚,身着百衲破衣,赤足,不知其来历,每日就只在芙蓉街、大明湖一带的酒肆茶寮中念经化缘。人们给他酒食、钱、粮米,他都不要,问他要什么,又不回答。甚至,从来没有人见他吃过饭。有人劝他道:"禅师既然不好酒肉,就该到荒村野店或偏僻小巷去化缘,为什么天天往来于酒肉膻臭、嘈杂不宁的场所呢?"这位和尚闭耳诵经,眼睫毛长一指多,好像根本没听见。过了一会,有人又对他说了一遍,这和尚忽然睁开眼厉声说道:"我就要如此化缘!"接着又没完没了念起经来。和尚念了好一阵经,就径自离去了。人们好奇,跟随在他身后再三问他为什么要如此化缘,究竟是什么意思。和尚继续往前走,一声不吭。跟的人一而再、再而三地问他,和尚不厌其烦,回过头来厉声喊道:"老僧就是要如此化缘,这不是你能知道的事!"

又过了八天,这老僧忽然出了济南城的南门,在道旁僵卧,三天三夜不动。南门附近的居民怕他饿死,影响平安,便都聚集他身旁劝他离开,并

丐僧

告诉他：要饭有饭，要钱有钱。老僧仍然双目紧闭，一言不发，一动不动。众人于是边摇晃他的身子边劝告他。老僧大怒，从袈裟里抽出一把短刀，把自己肚子剖开，最后咽气身亡。众人大为惊恐，将尸体抬到历城县衙。官府问明缘由，派人用草席将尸体卷上，拉出南门外把老僧埋了。过了几天，野狗在老僧坟上扒开一个洞，露出了席子，人们试着踩一下，席筒子是空的。挖开一看，裹尸的席子卷得好好的，尸体却没有了，就像一个大茧壳一样空空如也。

二

奇闻逸事不止于僧道中人。一座城老了，总会流传许多奇奇怪怪的故事。这些故事，恰恰是这座城市中最市井的一面。

《聊斋志异》中记述了这样一个故事：江南有位顾姓学生，一次客寓济南府的一家旅店里，眼睛突然肿了起来，疼得昼夜呻吟，各处求治都不见效。十多天后，疼痛稍轻，可是每当他一合上眼时，总看到一座很大的宅院，有四五进院落，大门都敞开着，最里边的院子里有人来来往往，但远远地看不清楚。顾生刚开始还觉得怪异，习惯后就当成一道风景，每天都躺在床上看那所宅院。

一天，顾生又在聚精会神地看着，忽然觉得自己似乎进入宅院中，走了三道门，没看到一个人影。正前方有一座南北大厅，里边红毡铺地。他偷偷一看，见满屋都是婴儿，有坐着的、躺着的、爬着的，不计其数。顾生心说这是遇见人贩子了？正在惊愕，一人从屋后走了过来，看了他一眼，说道："小王子说有远方来的客人到了，果然不错。"就邀请顾生进屋。顾生不敢进去，那人强拉着他往里走。顾生问道："这是什么地方？"那人说："是九王世子住的地方。世子得疟疾刚刚痊愈，今日亲朋前来祝贺，你很有福气啊。"话没说完，有人跑来催促他们快点走。

顾生随着那人来到一个地方，但见一座殿堂坐南朝北，殿前有九根大柱子，雕栏玉砌。顾生登上台阶进入大殿中，见已经坐满了宾客，有一少年面朝北坐着。顾生懂得礼数,知道这就是王世子了,就跪伏在堂下拜见。满堂的客人都站了起来。王世子拉着顾生,让他面向东坐下。一会儿,摆上酒来,鼓乐齐奏,歌伎们来到堂上,演"华封祝"的戏文。刚演了三折,顾生忽然听到客店的主人和小二喊他吃午饭,声音在耳畔非常清晰。顾生怕王世子知道,就假托上厕所走出大殿来。抬头看看太阳,已是中午。一睁眼,猛然见他的仆人站在床前,顾生这才醒悟,自己始终未离开客店。他急忙闭眼回到宅院,循原来的路进去,经过有婴儿的那座大厅,看到里边并没有婴儿,只有几十个老妇人蓬头驼背,在屋里或坐或躺。她们看见顾生,恶声恶气地说:"谁家的无赖子弟,来这里偷看!"顾生害怕,不敢辩解,急忙来到后院。走上殿堂坐下,见王世子颔下已长出了一尺多长的胡须。王世子看见顾生笑着说:"你到哪里去了?戏已演过七折了。"就拿了大杯罚他喝酒。不多时,戏演完了,有人呈上戏单,顾生点了"彭祖娶妇"。歌伎们用椰瓢行酒,能盛五斗多。顾生站起来推辞说:"我眼睛有病不敢过量。"王世子说:"患眼病,有太医在这里,让他给你瞧瞧。"东边座上的一个人离开座位过来,两指撑开顾生的上下眼皮,用玉簪点进了一些白色的药屑,嘱咐顾生闭上眼稍睡一会儿。王世子命侍从带顾生到里边屋里,让他躺下。顾生躺了一会儿,觉得床帐又香又软,就睡熟了。睡了不多时,忽然听到锣鼓乱响,还以为是戏没结束。睁眼一看,原

顾 生

明代鲁荒王墓出土九旒冕

来是客店中的狗在舔油锅。眼病却完全好了，再闭上眼，什么东西都看不到了。

"世子"是明代藩王的法定继承人，故事里的九王世子暗指明朝末代德王朱由栎。德王封藩济南后，共传世七代。七代之外，德恭王朱载墱是懿王朱祐榕的庶孙，他当上了德王之后追封他的父亲朱厚炖为德怀王；德端王朱常洁曾在万历四十三年（1615）册封其长子为德王世子，但因其早卒，没有承袭王位。文中交代顾生离开前后，大殿里戏"演了三折""演过七折"应得正是这俩没真正做过德王的人。算上三世德怀王、七世德王世子，德王传到朱由栎这里正好九代。

朱由栎是纪城温裕王朱常澍之子，德王朱由枢的堂弟。崇祯十二年（1639）正月，清兵攻下济南，德王朱由枢及其子郡王朱慈等人被俘，从此失去消息，一年后（1640）朱由栎嗣位。崇祯十七年（1644）六月他降清，其后在隆武二年（1646）五月遇害。文中交代大殿前有9根柱子，也就是5开间，正

冯木匠

是世子郡王府的规制。顾生眼中的大宅院，也就是故事的发生地，正是朱由栎的郡王府。

明府城里，不止郡王府有故事，德王府里也有故事。《聊斋志异》中有一篇冯木匠的故事，就发生在德王府，也就是今天的珍珠泉大院里。清朝初年，山东巡抚周有德准备在被清军烧毁的德王府旧址上建造巡抚衙门。雇佣的工匠中有一个木匠，名叫冯明寰，每日就住在珍珠泉大院的营造工地。一天晚上，冯木匠刚刚就寝，忽见窗子半开，窗外月光通明，像白天一样。远远望见一堵短墙上立着一只红鸡，正看着的功夫，红鸡已从墙上飞掠下地。一会儿，便有个美丽的少女，从窗子外露出半个身子往屋里窥视。冯木匠怀疑是哪个同行私通的女人，便假装睡着，竖起耳朵听着动静。这时，屋里的人都已睡熟了，冯木匠一下子起了私心，心也怦怦地跳起来，暗暗希望少女误走到自己睡的地方来。不一会，少女果然从窗子跳进来，径直投入冯木匠的怀里。冯木匠大喜，上下其手，默不作声。翻云覆雨过后，少女也不说话，自己就走掉了。

从此后，少女每夜必到。起初，冯木匠还隐瞒着，后来便直接问少女是不是找错了人。少女说："不是的，我敬慕你的为人，所以以身相许。"不久，工程完毕，冯木匠要回去，这位少女早已在旷野中等候了。冯居住的村子本来离明府城不远，少女便跟他回到家中。进入家门，家里的人都看不见少女，冯木匠才知道她不是人类。

过了几个月，冯木匠精神疲顿，憔悴不堪。心里越发害怕起来，请来法师镇邪驱赶，还是一点用也没有。一夜，少女盛装来到，对冯木匠说："缘分都有天数，该来的推也推不走，该去的留也留不住。从此后我和你永别了。"说完便走了，再也没有回来。

市井俗语道："狗八、鸡六必成精"。传说，鸡跟狗的寿命很短，鸡超过六年、狗超过八年，那么势必就要成精了。由于长时间跟人类待在一起，它们会懂得人类所说的话，甚至一些行为也会发生变化。因为鸡的寿命很短，在民间神话中，鸡成精的非常少，即便成精其道行也不高。这偏巧就被冯木匠碰上了，不得不说是"有缘"了。

《聊斋志异》中出现最多的是狐狸精，《狐谐》一文讲述的就是发生在济南城内狐狸精的故事。

故事的主人公名叫万福，字子祥，是博兴县人，少年时就喜读诗书。家里很有些财产，但本领不高，二十多岁了，还考不上个秀才。没有功名，也就免除不了劳役。这一年，万福正好轮到被派充劳役，他自然不肯去干力气活，便拿了些盘缠躲了出来。

万福跑到济南，在旅店里租了间房子住下。夜晚，有个十分美丽的女子悄悄溜进房间。万福很喜欢，便问她的姓名，女子说："我是狐女，但不会祸害你！"女子嘱咐他不要跟别的客人一起住，于是每天都来与万福共寝。凡日用东西，无不仰仗狐女供给。时间不长，万福的几个朋友常来找他聚会，往往一坐就是一通宵。万福很厌烦，但又不好意思拒绝，只得跟客人讲了实话。客人听说，便要见见狐女。万福对狐女说了。狐女对客人说："见我干什么？我也不过是个人罢了！"听狐女的声音，像在眼前，四下一看，却不见人影。

客人中有个叫孙得言的，爱开玩笑，非要见见狐女，还说："听见这娇滴滴的声音，叫我神魂颠倒！为什么要吝惜你的花容月貌，让人光听声音害相思呢？"狐女笑着骂道："好个书生？"客人听了都笑。狐女又说："我是狐，就为客人们说一个狐的典故。你们愿听吗？"大家忙表示愿听。狐女讲道："从前，某村有个旅店，有很多狐狸，经常出来迷惑旅客。客人们知道后，都互相告诫不要在这家旅店住宿。半年来，旅店门前冷落，店主人非常担忧，十分忌讳说'狐狸'。一天，忽然有个远方来客，自称是外国人，看见旅店，便进去要住宿。店主人大为高兴。来客刚进门，便有个路人暗暗告诉他：'这家有狐狸！'来客害怕，忙告诉主人要搬走。主人极力辩白店里没狐，来客才住下来。进入房间刚刚躺下，见一群老鼠从床下钻了出来，来客大吃一惊，急忙跑出屋子，高声大叫：'有狐！'店主人惊问，来客说：'狐狸的老窝在这里，你怎么骗我说没有？'主人又问：'你刚才看见的狐狸是什么样子？'来客说：'我刚才看见的，又细又小，不是狐狸儿子，就是狐狸孙子！'"讲完，满座人都哈哈大笑。孙得言说："既然不愿意让我们见见仙容，我们今晚就住在这里，不走了，你们俩也别想睡觉！"狐女笑着说："在这里借住不要紧，倘若我小有冒犯之处，请不要放在心上！"众人恐怕她恶作剧，只得一起走了。但此后，几天就来一次，来了就找狐女互相笑骂。狐女十分诙谐，每说一句话，无不使客人笑得前仰后合，再滑稽的人也难不倒她。大家戏称她"狐娘子"。狐女的诙谐，如此这般，一时也说不完。

连住了几个月，狐女便跟万福一同返回博兴家中。过了一年，万福又有事到济南去，狐女也跟随着。忽然来了几个人，狐女跟他们打招呼，问寒道暖，十分亲热。又对万福说："我本是陕西人，因为和你有缘分，所以跟了你这么长时间。现在我的兄弟们来了，我要跟他们回去，不能再伺候你了！"万福百般挽留，狐女自顾自地走了。

三

狐狸精的故事，不只流传于市井，庙堂之上也有狐仙的身影。

《聊斋志异》中讲述了这样一个故事：济南府有一位同知，姓吴。吴同知性格刚强，清正廉洁。当时官府里有一条不成文的规矩，哪个官犯了贪污罪，上司总是加以庇护，不但不处罚，反而把他贪污的钱分摊在其他同事身上，没有人敢阻挠或违抗。只有这位吴同知不怕，上司强迫他为赃官垫钱，他坚决不干。上司气得骂他,他回骂说:"我官虽小,也是朝廷任命的。你可以参奏处分我,但不可以咒骂我!要死便死,我绝不会损朝廷之禄,代赃官偿还赃钱!"他这么一说,上司拿他没办法,只得好言劝慰。

跟吴同知同时的有个叫穆情怀的,博兴县高苑镇人,被狐狸精附了体。常常慷慨激昂地谈论世道。这天他到了济南府,朋友们谈话间有人问他:"你既是狐仙附体,该没有不知道的事儿,请问济南府有多少官员?"穆情怀马上答道:"只有一个。"大家听了,都笑他说得不对;又问他为什么那么说,他说:"合济南府虽然有七十二名官员,其实,真够格的只有吴同知一个。"民间借用"狐仙"之口褒奖了人间清正廉洁的好官。

《聊斋》中官声好的,还有一位"殷尚书"。故事的主人公殷天官是有真实原型的,就是济南人殷士儋。殷士儋是明穆宗隆庆帝的讲师,内阁大学士,曾官至礼部尚书。后来厌倦官场,辞官返乡。殷士儋回济南后,选定趵突泉附近的元代万竹园故址为栖身之处,筑室于滦水之滨,取名"通乐园",在园内垒山叠石,疏泉筑亭,构舍植花,著书讲学,从者如云。居家十一年,于万历

万竹园

九年（1581）去世，葬于历城党家庄东凤凰山南麓。朝廷追赠太保，谥号"文通"，后改谥号为"文庄"。

殷尚书年轻时家里很贫寒，但却很有胆量才略。殷公年轻时在济南府读书，那时府城里有一所世族大家的宅院，方圆几十亩地，楼房相连成片。因为经常出现怪异现象，所以被废弃，无人再住。时间长了，里面渐渐长满了蓬蒿，即使是大白天也没人敢进去了。

正巧殷公和同窗学友们一起饮酒，其中有人开玩笑说："有能在这个院子里睡上一宿的，咱们大家共同出钱请客。"殷公一跃而起，说道："这有什么难的！"便带上一张席子去了。众人把他送到那家大门口，戏弄地说："我们暂时在这里等着你，如果见到妖怪，就赶紧喊叫。"殷公笑着说："若有鬼狐的话，我一定捉住它做个证明。"说完就进了门。走进院子，见长长的莎草隐没了路径，艾蒿如麻一样多。这时正是月初，幸好有昏黄的月光，门户还能辨认出来。殷公摸索着过了几重院落，这才到了后楼。登上月台，见上面光洁可爱，就停住了脚步。看了看西边的月亮，已落到山后，只剩下一线余晖。坐了很久，见没出现什么怪事，便暗笑传言的荒谬，就地躺了下来。

一更将尽的时候，殷公迷迷糊糊地想要睡着。忽听见楼下有脚步声，他便假装睡着，斜眼看去，见一个穿青衣的人，挑着一盏莲花灯上来。突然发现了殷公，她大吃一惊往后退却，对后边的人说道："有生人在上边。"下面的人问："是谁呀？"青衣人回答说："不认识。"顷刻间一个老翁上来，对着殷公仔细看了看，说："这是殷尚书，他已经睡熟了。只管办我们的事，殷相公不拘俗礼，或许不会责怪。"于是便领着人相继上了楼，把楼上的门都打开了。过了一会儿，进出往来的人更多了。楼上灯火辉煌，就像白天一样。殷公略微翻了翻身，打了个喷嚏。老翁听见他醒了，于是出来，跪下说道："小人有个女儿，今夜出嫁。没想到触犯贵人，万望不要怪罪。"殷公起身，拉起老翁说："不知今夜贵府有大喜事，很惭愧没有贺礼奉上。"老翁说："贵人光临，压除凶神恶煞，就很有幸了。麻烦您陪坐一会儿，小人全家倍加荣耀。"殷公很高兴，便答应了。

殷公进楼一看，里面摆设得很华丽。这时就有个妇人出来拜见，年纪约有四十多岁。老翁说："这是我的妻子。"殷公向她拱手还礼。顷刻间听到笙管鼓乐震耳齐鸣，有人跑上来说："来了！"老翁急忙出门去迎接，殷公也站起来等候。不一会儿，有好多纱灯引导着新郎进来了。新郎有十七八岁，相貌俊雅。老翁让他先给殷公行了礼。新郎两眼看着殷公。殷公就像婚礼主持人一样，还了半主礼。紧接着翁婿互拜，拜完后，就入席。一会儿，年轻的丫鬟侍女们一个接着一个，送来热气蒸腾的佳肴美酒，玉碗金杯，映照得桌子发亮。酒过数巡，老翁叫侍女去请小姐来。侍女应声而去。过了很久没见出来。老翁起身，自己掀开帏幔去催促。过了片刻，几个丫鬟仆妇，簇拥着新娘子出来，环佩叮当作响，兰麝熏香四散。老翁叫女儿向上面行礼。起来后，她就坐到了母亲的旁边。殷公稍微看了一眼，只见她鬓插翡翠凤钗，戴着明珠耳坠，容貌艳丽，绝世无双。

尔后改用金爵斟酒，金爵很大，能盛数斗。殷公自思这东西可以拿给同学作证，就偷偷地放进衣袖中。他假装酒醉趴在桌子上，像是睡着了。席上的人都说："殷相公醉了。"不多时酒席结束，笙管鼓乐响了起来，人们纷纷离席下楼走了。随后主人收拾酒具，发现少了一只金爵，怎么找也找不到。有人暗中议论金爵可能在醉卧的殷公手里。老翁听说急忙告诫人们不要乱讲，惟恐殷公听见。过了一阵，内外都没了动静，殷公才起来。四周围暗无灯光，只有脂粉的芳香和浓郁的酒气，充满整个屋内。见东方已经发白，殷公便慢慢地下了楼。伸手摸了摸袖中，金爵仍然还在里面。

殷公到了大门口，学友们先在那里等候了，都怀疑他是夜里出来早晨又进去的。殷公拿出金爵让大家看。众人惊讶地询问来历，殷公就把夜里的情形说了一遍。大家都认为这样贵重的东西不是贫寒的读书人所能有的，于是就相信了他的话。

后来殷公考中了进士，被派到河北广平府肥丘县当县令。当地的官宦世家朱某宴请殷公，叫家人去拿大酒杯，过了很久没拿来。有个小僮捂着嘴小声和主人说了些什么话，主人脸上有了怒色。不一会儿捧来金爵劝殷公喝酒。殷公仔细看去，金爵的样式和上面雕刻的图象，与狐狸的金爵毫无区别，大为惊奇，便问是什么地方制造的。朱某回答说："这样的金爵家里共有八只，是先父当京官时找精巧的匠工监制的。这是家传的贵重物品，层层包裹珍藏已经很久了。因为县尊大人光临，刚才从竹箱里取出来，竟然仅存七只，怀疑是家人偷了去，但包裹上十年来的尘土厚积着，依然是原样没动过，实在没法解释。"殷公笑着说："你那只金爵成仙飞升了。然而世传的珍宝不可丢失，我也有一只，和你的金爵非常近似，一定奉赠给你。"

　　散了席殷公回到官署，找出金爵差人速送朱家。朱某拿着反复查看后，大为惊异。他亲到官署感谢殷公，并问金爵的来历。殷公于是叙述了事情的始末。这才知道千里以外的物品，狐狸也能摄取到手，但是却不敢最终留在自己的手里。

JINAN 济南故事

第九章

守城之战

有城，自然就有人守城。

守城，自然就有人攻城。

漫说是那城高池深的明府城。

自明府城的雏形——宋代府城建成之后，就不时地被人攻打。从宋代在济南置府开始，直到清末，济南城曾发生过三次非常激烈的守城之战。这三次战斗都是异常惨烈，济南城内亡人无数，但守城将士只有英雄，没有狗熊。

一

济南有座关王庙，所祭祀的并非关羽，而是关胜，他是守卫过济南城的将领中第一位立祠建庙的。

在济南悠长的历史中，既有过儒雅的文人，也出现过骁勇的武将。金朝侵宋时，济南地面上出了个叫关胜的英雄人物，是守城名将。而在古典小说《水浒》中，也有一位名叫关胜的人物。小说中的关胜是以历史人物为原型，一个忠肝义胆的骁将，是如何被演绎成为反贼的呢？我们不妨来谈谈关胜那热闹的身后事。

南宋建炎二年（1128）正月，刘豫被任命为济南知府。同年冬天，金军攻打济南，济南守将关胜屡次出城力战。金人以利劝诱济南知府刘豫叛降，刘豫伺机杀掉关胜，献城投降。两年后，刘豫登基，成为金朝扶植的傀儡政权伪齐的皇帝。英雄与狗熊总是相对应的，狗熊成就了英雄的英烈。对于关胜，《宋史·刘豫传》中只有寥寥数语："（刘豫）杀其将关胜"，《金史·刘豫传》中则只有一句话："有关胜者，济南骁将也，屡出城拒战，豫遂杀关胜出降。"《宋史》《金史》中的记载都很简单，简单到我们不知道关胜的籍贯、不知道关胜的身世、更不知道关胜英勇就义的细节。也恰恰因为史料记载简单，反而给了后人充分发挥的机会。

明人王象春在《齐音》中曾对关胜的死加以演绎：关胜"善用大刀，屡陷虏阵"，后被刘豫"诳胜出战，遂缚胜于西郊，送虏营，百计说之不降，骂贼见杀，且自唊其睛"，进一步具体化了关胜高大的英雄形象。王象春为何要说关胜善用大刀呢？宋代的大刀并非青龙偃月刀那样带杆的长刀，而是大砍刀，有别于隋唐以来直身长刀、陌刀，是两宋新出现的冷兵器，两宋武人多以此为号。据史传记载，两宋时期以"大刀"为绰号的便有大刀魏胜、徐大刀、苏大刀、王大刀等等。所以不管关胜用不用刀，都给他安插了一个大刀的名号。

明府城老街巷

关胜的正面形象，在清代史学家梁玉绳的口中被歪曲了。梁在读《宋史》时，将"豫惩前忿，遂蓄反谋，杀其将关胜，率百姓降金"句漏读了一个"杀"字，进而下结论："豫将关胜，与俱降金"，"烈士"关胜稀里糊涂地成了叛徒。梁玉绳的儿子梁学昌不相信关胜降敌，查阅《金史》《齐音》等书，证实了关胜并未降敌，却得出了另一个错误的结论：宋史有误。

看完历史中的热闹，咱们再来谈谈关胜的文学形象。关胜最早的文学形象出现在宋末元初的话本小说《大宋宣和遗事》里，这本书是水浒故事的雏形，在这本书里，关胜只是一名并不出色的随从。这之后，高密人龚圣与所作《宋江三十六赞并序》中，关胜成为四当家，地位迅速攀升。元杂剧《争报恩三虎下山》里，关胜是梁山排名第十一位的头领。而到了《水浒》中，关胜则位居梁山泊第五把交椅、马军五虎将第一、关公的嫡派子孙："生的规模与祖上云长相似，使一口青龙偃月刀，人称为大刀关胜。"关胜在文学作品中"经常出镜"，陈忱的《水浒后传》、青莲室主人的《后水浒传》、俞万春的《荡寇志》、程善之的《残水浒》、巴孤的《贼三国》等文学作品中，关胜都以不同形象出现过。金圣叹曾评价关胜这个角色：关胜是上上人物，写来全是云长变相，可谓儒雅之甚、豁达之甚、忠诚之甚、英灵之甚……英雄儒雅，俨似其祖。在戏剧中，以关胜为主角的剧目也非常多，传统京剧曲目主要有《收关胜》《芦林坡》《关胜探营》《收关胜》《红桃山》等等。

关胜不止存在于史书中，他在济南仍有旧迹可寻。据光绪年间的《山东通志》记载："关胜墓在县南渴马崖"，关胜墓在济南南郊的渴马崖，而渴马崖下的水潭，据说正是趵突泉的水源所在。关胜墓附近还有一眼马跑泉，据说是关胜与敌将大战至渴马崖，求水不得，马踏地后涌泉而出，因此得名。无独有偶，济南城西南角楼外也有一处马跑泉，据传是金兵攻打济南城时，刘豫命关胜出城迎战，关胜率兵出城门后，刘豫随即命人关闭城门，并在城上向关胜放箭，战马见主人战死，怒啸刨地，泉水涌出，就是后来的马跑泉。两个马跑泉的故事虽然有所冲突，但都表达了济南人对英雄的敬仰与怀念。

渴马崖的马跑泉因关胜墓附会而来，趵突泉附近的马跑泉则因位于关胜庙附近而得名。关胜庙，也被称为关王庙，兴建于何时并没有准确记载，至少在明代就已经存在了。关胜庙在原来的马跑泉街三岔路口拐弯处，正对着大板桥街，狭长的院子北头有两间小房，供奉着关胜牌位。明末庙基塌毁，人们重修时把"关胜"误作"关圣"，关胜庙于是变成了关帝庙。清人朱照路过关胜庙时，就曾写过《关公祠诗并序》，以示纠正。1956年趵突泉公园扩建时，清理出早已塌毁的关胜庙，人们当时也以为是关帝庙，幸得及时看到碑刻并查阅志书，才避免了重蹈覆辙。

关胜生得简单、死得迅速，身后事却热闹非凡，"千秋万岁名，寂寞身后事"并不适用于他。这热闹的身后事，表达的正是人们对忠义的褒奖与赞扬。

二

济南府城西门里高都司巷以东路北胡同内有一座七忠祠,始建于明代,为纪念建文年间靖难死节之士而立。"七忠"为兵部尚书铁铉、礼部尚书兼太子太保陈迪、刑部侍郎胡子昭、监察御史丁志方、都督府断事高巍、东平州吏目郑华、济阳县教谕王省七人。这座七忠祠,见证了济南明代府城墙建成后的第一场保卫战。

在来过济南的皇帝中,明成祖朱棣是最窝囊的一个——至少,在济南府的城墙下是这样。与清代的皇帝不同,他不是来游山玩水,而是来"打架"的。没曾想,架没打赢,反而险些命丧于此。

一切要从明初朱棣、朱允炆叔侄相争的"靖难之役"说起。谈起靖难之役,就不免要先交代一下朱元璋的家事了。朱棣的父亲朱元璋一共有二十六个儿子,朱棣排在第四,只有他被朱元璋认为"类我"。尽管如此,按传嫡传长的皇家规矩,皇位轮不上朱老四,因为他既不是老大,更不是嫡出。明朝的汪宗元所撰写的《南京太常寺志》中说:"孝陵神位,左一位淑妃李氏,生懿文太子、秦愍王、晋恭王。右一位硕妃,生成祖文皇帝(朱棣),孙贵妃生周定王(朱橚)。"明太祖朱元璋的嫡长子名为朱标,早在朱元璋称吴王时便将其立为世子,洪武元年(1368)正月立为皇太子,正式确立为接班人,明太祖对他寄予厚望。可惜的是,洪武二十五年(1392)朱标因风寒病逝,谥懿文太子。朱标的嫡长子,也即朱元璋的嫡长孙名叫朱雄英,按明朝"居嫡长者必正储位"的规定,本来可以作为皇太孙的他早朱

南门及瓮城(摄于1928年)

明成祖朱棣

标一步，于洪武十五年（1382）五月初一死去了，只活了八岁。这样一来，皇太孙的位子便留给了朱标的次子朱允炆。明洪武三十一年（1398）闰五月，朱元璋病故，朱允炆继位为帝，成为明朝的第二位皇帝，年号建文。

尽管有朱元璋的遗诏，不许诸王"入临、会葬"，但燕王朱棣仍直奔京师南京。朱允炆闻讯后，立刻派人持敕，令朱棣返回燕京（今北京），对此朱棣十分不悦。后由于朝廷削藩激化矛盾，藩王与朝廷开始决裂，此时实力最强的燕王就成了真正的众藩之首。而朱允炆与朱棣之间的博弈亦逐渐激化。建文元年（1399）七月，早已对父皇册立自己的侄子为太孙而继位有所不满的朱棣起兵，企图争夺侄子建文帝的皇帝宝座。从朱棣所在的北京到当时明朝的首都南京，济南是中间的战略重镇，必然会被战火波及。

朱棣起兵后的第二年，也就是建文二年（1400）四月二十七日，燕军进攻德州。五月初七，朱棣率领北军攻占德州，南军大将军李景隆逃往济南。五月十五，燕军攻济南，李景隆残存十余万兵毫无战斗力，大败。李景隆逃走，燕军遂围济南。

此时，济南城内，山东参政铁铉和都督盛庸，以及使燕南归的参军高巍等人誓约死守。铁铉是河南邓县人，建文初年，铁铉改任山东参政，负责为李景隆北伐军队督运粮饷，恪尽职守。正在督饷途中的铁铉闻李景隆兵败，又见诸城堡闻风瓦解，不但没有畏惧退缩，反而急忙赶至济南，与李景隆的部将盛庸等督促将士死守城池。战役自五月到八月，战斗十分激烈。朱棣认识到济南在战略上的重要性，夺取济南，进可南下南京，退可以划黄河而割据。因此，他督促北军筑长围,昼夜攻击。铁铉依仗济南城池高大,拼死抵抗,并在夜间派出少数人马焚毁北军的攻城器具。

朱棣见硬攻不克,就射书入城促降,希望铁铉像其他投降的守将一样,放弃抵抗,归降北军。铁铉则将《周公辅成王论》射回朱棣,劝其效法周公,忠心辅佐建文帝。朱棣大怒,命强攻济南城池。五月十七日,朱棣下令堵塞城外河道,以水灌城,全城士民一片恐慌。铁铉假装投降,遣千人出师央求朱棣退师十里,以单骑入城受降。铁铉假意说道:"大王风霜露宿,忧心社稷。谁不是高皇帝的子孙,谁不是高皇帝的臣民?我们愿意归附。只是我们东海之民不习兵戈,见大军压境,以为是来攻杀我们的,没有体会到大王安定天下的本意。恳请大王命令军队后撤十里,您先单独入城,我们一定夹道欢迎。"燕王朱棣一听,面露喜色。连月的攻战不息,真是太苦太累了,现在终于可以入城了,岂不令人高兴。次日,朱棣果然由数十名护卫随从来到城下,当他在"千岁"的欢呼声中骑马进城时,一块事先安置在城门上的铁板骤然而降,击伤了燕王的坐骑。朱棣有惊无险,忙易马回逃,事先埋伏好的士兵跳出拦截,守城士兵急忙收挽吊桥。眼看吊桥就要被挽起,朱棣策马飞奔,才捡回性命。那一年,一代帝王永乐大帝差点被砸死,靖难之役差点半路夭折,建文帝朱允炆差点继续做他的太平皇帝。

由于济南的军事地位极为重要,若取得济南,进可南下攻打,退可划疆自守,燕军志在必得。铁铉、盛庸等率全城军民倾力守御,双方相持不下。朱棣愤怒

西门瓮城,当年铁铉设诈降计,燕王朱棣曾差点死在这里(摄于清末)

之下决定使用大炮攻城，城中不支。铁铉见状，在城墙上悬挂出"太祖高皇帝神位"的神牌，燕军将士面面相觑，没有人胆敢轰城，只得停止炮击。铁铉乘机将城墙修补牢固，又不断派出小分队出城骚扰燕军。朱棣围城数月不下，将士疲倦，南军援军又即将赶到，忧心忡忡，不知如何是好。

　　早在六月，惠帝朱允炆见济南危急，便遣使求和，朱棣不听。七月，从白沟河战场败退下来的南军准备攻取德州，切断燕军后路。腹背受敌的朱棣自感束手无策，他的谋士道衍劝他撤回大本营休养后再南下。八月十六日，围攻济南三个月之久的燕军被迫解围北去。铁铉、盛庸乘燕军撤围之机，率兵出击，燕将陈亨受创而死，济南之战结束。

　　朱棣自起兵以来，战无不胜，攻无不克，所向披靡，还未遭遇过这样的失败。济南保卫战的胜利，打破了燕军不可战胜的神话，使得南军军威大振，从而延缓了朱棣进军的步伐。建文帝得闻济南之役胜利和德州收复的捷报，非常高兴。九月初十，朱允炆升铁铉为山东布政使，参赞军务，不久后升兵部尚书；封盛庸为历城侯，平燕将军。《明史·铁铉传》中是这样记载的：惠文帝"遣官慰劳，赐金币，封其三世。铉入谢，赐宴。凡所建白皆采纳。擢山东布政使，寻进兵部尚书。以盛庸代景隆为平燕将军，命铉参其军务。"

　　铁铉在受赏升迁以后，"设宴天心水面亭，犒问辛苦，激发忠义"，准备再次大败燕军。建文二年十二月，铁铉配合盛庸取得东昌（今山东聊城）大捷，燕军大败，损兵折将，不可胜计。朱棣手下第一勇将张玉阵亡，朱棣本人也几乎被杀，只是因建文帝有"勿使朕有

西城墙遗址

杀叔父名"的告诫才使他得以脱离险境,奔还北平。"自是燕王南下由徐、沛,不敢复道山东。"

建文四年(1402)正月,朱棣乘南方空虚之际,再次南下。自济南、东昌之败,朱棣不敢再与铁铉、盛庸军纠缠,而是以最快的速度绕道南下,长驱直入,渡过长江,逼近南京。建文帝见大势已去,就在王宫纵火,后不知所终。李景隆开门迎降。燕王朱棣登基称帝,改元"永乐",是为明成祖。铁铉闻之,几次欲自杀,被劝止,带残兵驻守济南,以图复兴,最后兵败被擒惨死。

明神宗初年,下诏"祀建文朝尽节诸臣与乡",修铁铉等七位建文忠臣之庙。朝廷为标榜忠义,在济南修建七忠祠。七忠祠里供奉的七位忠臣中,为首的是铁铉。其他六位忠臣分别是:陈迪,字景道,安徽宣城人,建文初,官礼部尚书。被执后,对朱棣骂不绝口,和两个儿子同时被杀,明福王时追谥"忠烈"。胡子昭,字仲常,四川大足人。初在四川荣县任县训导,建文时擢为刑部侍郎,被执后不屈而死,后追谥"介愍"。丁志方,山东聊城人。建文帝时官御史。朱棣进入南京后,与御史山东诸城人谢升、安徽怀宁人甘霖均从容就死;高巍,山西辽县人。建文帝时,为都督府断事官。当时,朝臣齐泰、黄子澄主张废藩或削减各藩王的兵权,他则力主实行"推恩"政策,缓和矛盾。朱棣起兵南下,他自请到北京说服朱棣罢兵。但当他到北京后,几次上书给朱棣,朱棣均不予理睬。后来南京城破,他自缢而死,后谥"忠毅"。郑华,字思孝,浙江临海人,东平州判官。赴任之前,他听说朱棣起兵,嘱托乡人赵次进照管妻子,自己赶到东平,参加守城。城破后,绝食五日死。后谥为"贞壮"。王省,字子吉(一作子职),江西吉水人,为济阳县教谕。燕兵至,他坐在明伦堂上,击鼓召集诸生,而后以头触柱而死,后谥"贞烈"。

最初,"七忠"中无丁志芳而有都指挥使平安。明万历三十九年(1611),山东巡抚黄克缵拜谒七忠祠。黄克缵看到平安的牌位后认为,平安就擒后曾任大宁都指挥使,等明成祖追查他时才自杀,有变节之嫌,遂用丁志方的牌位替换下了平安。清初学者施润章在《愚山集》中为平安被黜七忠祠之事抱不平,在他看来,"平安血战,奋不顾身,文皇几危者数矣,不可谓不忠。"

七忠祠曾于明万历二十二年（1594）重修，清顺治十六年（1659）、同治四年（1865）又多次重修。祠内原有明代万历二十二年（1594）长达4米的卧碑《七忠公赞》，由提学周应治撰文，陈瑛书丹，详细记载了铁铉等明初七忠臣的忠勇事迹。明代刘敕在编著《历乘》时，就曾收录此赞。近世所见的"七忠祠"石匾，则是清同治四年济南知府萧培元重修七忠祠时所书。2002年，七忠祠及七忠祠胡同被拆除。

三

除去七忠祠，济南大明湖北岸还有一座铁公祠，是济南人为了祭祀守城有功的铁铉而建的专祠。

铁铉（1366~1402），河南邓州人，元代色目人后裔。铁铉性情刚烈，聪明敏捷，太学读书时，熟通经史，成绩卓著，由国子生被选授礼部给事中，后调任都督府断事。曾经审理悬而未决的案件，立刻就做出了合理的判决，其才干深得明太祖朱元璋器重，朱元璋赐给他"鼎石"的字。建文帝即位后，铁铉升任山东参政。济南一役后，又升为山东布政使，加兵部尚书衔。《明史》评价他："燕师之南向也，连败二大将，其锋盖不可当。铁铉以书生竭力抗御于齐、鲁之间，屡挫燕众。设与耿、李易地而处，天下事固未可知矣。"

建文四年（1402），燕军进攻山东，绕过守卫严密的济南，破东阿、汶上、邹县，直至沛县、徐州，向南直进，在灵璧大败南军后，又突破淮河防线，最终攻占京师南京。朱棣夺取帝位后，回兵北上复攻济南，并在河北一带大肆屠杀百姓。到达济南，铁铉死守不

清代铁公祠内的铁铉塑像

肯投降，但终因寡不敌众，济南城最终陷落。朱棣又设伏兵计擒铁铉，铁铉终于在淮南兵败被擒，被押送到京师。

朱棣亲自在朝廷上审问，忠诚倔强的铁铉立而不跪，背对着朱棣骂声不绝。朱棣说："你回头看看我，也算尽了君臣之分啊。"铁铉不但不回头，反而骂得更凶了。愤怒的朱棣令人割下铁铉的耳朵、鼻子，煮熟后塞入他口中，问他滋味如何？铁铉厉声说道："忠臣孝子的肉能不好吃吗！"铁铉仍不屈服，遂受凌迟而死。蔡东藩《明史演义》对后面的事加以演绎：铁铉虽死，朱棣仍不解气，吩咐左右架起油锅把铁铉炸了，投入铁铉的尸体，顷刻成炭，大殿上顿时充满了焦煳气。铁铉的尸身面朝下浮在热油里，仍以背对着朱棣。朱棣命人把铁铉的骨架用铁棒夹着令其转身面北，朱棣道："活着叫你朝拜我你不肯，炸成骨头灰你也得朝拜我！"一语未完，油锅里的热油飞溅丈余，烫得太监们嗷嗷乱叫。铁铉的骨架硬是没有转身，成了真正的"硬骨头"。对油炸尸体的真实性，现代作家郁达夫曾在其《暴力与倾向》一文中表示"虽然还有点疑问"但"私刑尽管由你去用，暴力也尽管由你去加，铁铉的尸骨，却终于不能够使它北面而朝，也是人类的一种可喜的倾向。"

铁铉死时只有37岁，正当壮年。铁铉遇害后，他的家人也受到了牵连：母亲薛氏和83岁的老父亲被发配海南；12岁的长子铁福安被发配河池（今陕西凤县东）充军，次子铁康安被发配到鞍辔局充匠，后来两个儿子都被害死；妻子杨氏和两个女儿被发到教坊司，杨氏病死，两个女儿不甘受辱，极力反抗。过了很久，同僚把这件事情报告给明成祖朱棣，朱棣说："她们竟然不屈服吗？"于是赦免了她们，都许配给读书人。

而据洛阳偃师铁村铁铉后裔讲述及当地铁氏祖茔碑文记载，铁铉生前好友马、李二位将其长子铁福安隐匿于马家更名易姓。明仁宗执政期间，降下赦文诏书，铁福安迁居到偃师魏家寨，娶周氏为妻，生子衍孙，后又居铁窑，但由于两姓纷争，又移居铁村，并以铉祖临难，家人分散为戒，始称汉族。铁铉次子铁福书为避难逃至关外辽宁沈阳，繁衍子孙数代，仍以回族称之。

铁铉死了，他的精神不死，忠臣自古都是统治阶级树立的学习榜样，朱棣

铁公祠（摄于1908年）

虽然痛恨铁铉，但在群臣面前却称赞他的忠义。南明弘光帝时，追赠铁铉为太保，谥忠襄。清乾隆时重新谥为忠定。清代翁方纲对铁铉有极高评价：

公以济南居南北之间，遏挫燕师，至今四百年矣。故老犹传，绐燕王入城，悬铁板几中者，今之西门也；慷慨誓师者，北湖水面亭也。其气足以壮鹊华，澈源泉，贯金石，而耀日星也，则其精灵妥侑于湖之北者，宜矣。

铁铉作为历代忠臣的代表性人物，他的才智、计谋、忠勇、铁骨一直为后世所歌颂。济南人感念铁铉的忠烈，于嘉靖十一年（1532）祀于华不注山崇正

铁公祠

祠中，又在城内西门高都司巷以东路北七忠祠内设位祭奠。清乾隆五十七年（1792），山东盐运使阿林保捐资在大明湖北岸修建铁公祠，专祠祭祀。并在铁公祠东建佛公（山东巡抚佛伦）祠，还以修铁公祠的余工仿苏州沧浪亭建小沧浪亭。吴人骥为此作《重修铁公祠记》并镌刻于石碑。文载："壬子春，时和物阜，槐堂听政之暇，谋兴是役……爰鸠工而庀材焉。计堂庑、水廊共屋七十余间，中以奉香火，而庖湢客寮毕具。"

清同治三年（1864），济南知府萧培元重修铁公祠。原祠只供奉铁公的牌位，重修时，萧氏欲增铁公塑身，但找不到遗像，便朝思暮想。一日夜，伏案入梦，忽见一人，拿书一卷授予萧氏，序后书页上有一小像，冠、带、袍具着，仅露半身，约四十岁年纪，面红黄，眉宇英俊，面容愁惨。萧氏大喜，醒后便将梦中铁公的形象讲述给塑工。塑工据此塑成铁公像供在祠内。为此，萧培元作《神像碑记》。

清道光二十一年（1841），山东布政使杨庆琛再次重修，并作《重修湖上铁公祠工成偶题》八首，镌刻在石上，记述了重修铁公祠的用意和铁公祠前优美的景色。清代文人鹿松林有诗云："一日忠魂万古祠，明湖烟雨柳丝丝。伤心争作闲游地，谁忆孤忠泣血时？"铁公祠不仅是济南人对于忠烈义勇之士铁铉表达崇敬纪念之情的场所，更成为大明湖畔著名的人文景观。

旧时，铁公祠有三块著名碑刻，分别是翁方纲书写的"铁公祠记"碑、"佛公祠记"碑，以及阮元书"小沧浪亭雅集诗序"碑。乾隆年间，新建铁公祠、佛公祠完工后，阿林保请时任山东学政的书法家翁方纲撰写了《铁公祠记》《佛公祠记》，并刻石立碑。翁方纲（1733~1818）是清代著名书法家之一，与刘墉、梁同书齐名，官至内阁学士，书学欧阳询、虞世南。翁方纲《铁公祠记》记述了铁铉"气足以壮鹊华沏源泉"的事迹，并申明褒扬铁铉的意义在于"伸此土人之积感而为百世效忠者劝"。他亲笔书写的《铁公祠记》《佛公祠记》，字体结构严谨、体势俊朗、转折方圆、合乎法度、功力深奥，成为流传于世的书法珍品。"铁公祠记"碑、"佛公祠记"碑尺寸相当，连同碑座高约6.4尺，宽2.3尺。今原碑已佚，现存碑石是在重修铁公祠时根据

铁公祠小沧浪（摄于清末）

碑帖重刻的。同为书法珍品的，还有隶书"小沧浪亭雅集诗序"碑，为翁方纲同时的书家阮元所写。阮元（1764~1849），清代嘉庆、道光间名臣，在经史、数学、天文、地理、编纂、金石、校勘等方面都有着非常高的造诣，被尊为一代文宗。阮元是"尊碑"书论的倡导者，他亲笔书写的《小沧浪亭雅集诗序》体取法褚遂良，粗细相间，轻重有致，骨力挺拔而遒劲，结体生动而妩媚。该碑高0.86米，宽1.63米，现存于铁公祠西廊门北侧。

1927年前后，曾因筹建山东军阀张宗昌的生祠而将铁公祠、佛公祠拆除。1926年夏，山东沿黄部分地区河水陡涨尺余，幸之前修筑水坝之功，才没有发生水灾。山东河务分局长王谢臣面见张宗昌称：八县人民感恩戴德，愿为张氏捐立生祠，以志德政。据当时的报刊报道，张听后大怒，当即扇了王局长两个耳光，并训斥道："督鲁以来，受一部分属下愚弄，增捐加税加重小民负担，你不劝我为善，还反修祠堂，居心何在？不知老百姓心中如何骂我？"话虽如此说，但张宗昌还是同意乡绅成立了张宗昌生祠办公处。嗣后，该办收捐7万余银圆，拆除了铁公祠、佛公祠，及小沧浪院落的正厅、凉亭、东花墙，并筹办木料、石料。1928年5月，北伐军进入济南，张宗昌逃窜，工程随之停止。

1929年，山东省政府主席陈调元主持山东事务，重修铁公祠，并用筹建张宗昌生祠安澜阁的砖石木材，在原小沧浪正厅的位置增建湖山一览楼，在院落东南新建八角凉亭（今得月亭）。复建工程由山东省建设厅主持，复裕隆工厂营造，于1930年底全部完工。湖山一览楼位于铁公祠西，楼与祠中间由游廊相连。楼坐北朝南，上下两层共10间。在楼上可观览对面群山和明湖全景，故得名"湖山一览楼"。此时，铁公祠有南北两个门，南门通湖内水道，北门通铁公祠街。其院内东北角有铁公、佛公两祠殿，各成一院，内有乾隆年间重修铁公祠之欧体古碑碣一方。南大门内走廊墙壁，满置游人诗碑。北面有湖山一览楼，东南角有八角凉亭一座，南面有小沧浪亭三大间，石桥一座，大小水池各一方。

20世纪30年代，济南一中美术教员桑子中将湖山一览楼改建作海岱美术馆，常年举办画展。桑子中还想在铁公祠办一所儿童美术学校，后因抗战全面爆发未能实现。抗战胜利后，私立震华文学院聚集了一批画家在铁公祠教授美术，这里又成为培养艺术人才的摇篮。私立震华文学院成立于1946年，初创时名为"南华文学院"，1948年春呈请原国民政府教育部备案时，因重名，故易名为"震华文学院"。院长为山东菏泽人王玉圃，董事长是孙中山先生的哲嗣孙科，董事有济南实业家张东木等，该校的主要经济来源来自张东木的捐助。"济南战役"前夕，震华文学院随国民党政府南迁。

新中国成立后，铁公祠合并入大明湖公园，并进行过多次维修。1965年，

铁公祠小沧浪

铁公祠改建、增建了部分建筑，1996年再次翻建，遂成现状。铁公祠于1979年定为市级文物保护单位，2006年被评定为省级文物保护单位。

铁铉为守卫济南城，最终不屈而死，铁骨铮铮令人敬佩。济南人为纪念他而建的铁公祠历二百余年香火不断，与铁铉的精神一道，成为这座城市的一部分。

四

济南城内有一座双忠祠，还有以双忠祠命名的双忠祠街、双忠泉，是祭祀明末济南保卫战中殉难的巡按御史宋学朱、历城知县韩承宣而建。

明末的这场济南保卫战因发生在戊寅、己卯之间，史称"戊寅之变"或"戊寅之变"，是济南城市历史上最惨烈的一场战争，山东左布政使张秉文、巡按御史宋学朱、济南知府苟好善、历城知县韩承宣等驻城文官全部壮烈牺牲，城市被焚，人口亡绝。此后很长的时间里，济南一直没有得到真正的发展，一直到清朝康熙年间以后，济南的城市经济才又再次趋于稳定。

明崇祯十一年（1638）九月，皇太极派多尔衮统帅军队从沈阳出发，绕道蒙古突破长城，到了京东，沿着运河往南打，从河北青山口一直打到山东，迅速占领了16处州县，直奔济南而来。此时的济南城，还沉浸在迎新春的祥和气氛中，丝毫没有察觉到危险的到来。

济南城内，守城主官是山东布政使张秉文和巡按御史宋学朱等人。宋学朱字用晦，号旭初，南直隶苏州府长洲（今江苏苏州）人。清军进入山东直扑济南时，宋学朱正出巡章丘，听到济南告急的消息时急忙策骑驰至。济南原有的军事力量并不弱，但在此

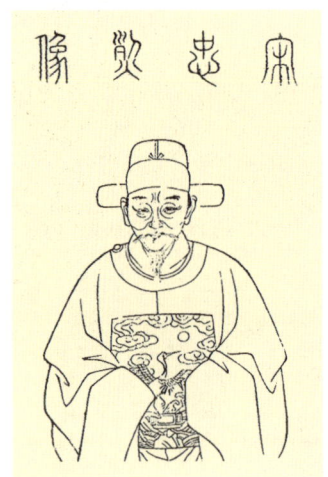

宋学朱

时，山东巡抚颜继祖率领省城守军3 000余人驻守北直城中，援守德州，济南城内只有老弱乡兵500人，以及莱州增援的700名兵士，共计1 200人，而攻城的清军有十多万人。宋学朱叹曰："此省防重地，且有藩王在，守卫单弱，乃尔吾无死所决矣。"抱定了必死的决心。宋学朱先后七次上书求援，当时杨嗣昌为枢辅，故意留中不报，导致无兵来援。

早在崇祯十年（1637）杨嗣昌出任兵部尚书时，明王朝已陷入内忧外患的泥潭中，清军多次入塞，威胁

济南府城西北角的空心楼是破城次数最多的地方（摄于清末）

明朝京师安全；高迎祥、张献忠、李自成等几十万起义军在中原流动作战，更是明朝腹心之患。崇祯十一年（1638）三月十日，杨嗣昌上疏重申攘外必先安内的主张，力主对清妥协，集中全力以"四正六隅，十面张网"之策镇压农民军。杨嗣昌在紧锣密鼓地指挥围剿农民军的同时，开始筹划对清议和的事宜，以缓解明朝的外部压力。尽管多数朝臣反对此议，但崇祯帝却非常赏识，加上杨嗣昌既不属于东林党，也不依附阉党，无偏无党、勇于任事，崇祯帝对他更加信任，于当年六月提拔杨嗣昌为礼部尚书兼东阁大学士，入参机务，仍掌兵部事。新被起用的兵部尚书卢象昇亦坚决反对与清议和，与杨嗣昌形成尖锐对立。九月，皇太极派兵大举入塞，正是对议和不成展开的惩罚性打击。所以，杨嗣昌不派兵援驰济南自有缘由，但这缘由也使他成为济南十余万条人命的祸首。

腊月二十四，清军兵临济南城下。督师太监高起潜虽在临清、济宁间坐拥重兵，但因与杨嗣昌同是议和一党，故不发援兵，另一路援军大将祖宽见状亦观望彷徨。偌大的济南，全凭几位文臣率领千余乡勇守城御敌。清军环营三

面,筑长围困之。此时城中已无钱发军饷,宋学朱请求德王拿出帑金犒军。宋学朱率领按察副使周之训、历城典史田多善驻守南门,"不解带,不交睫,头发尽白"。张秉文衣不解甲,在济南城头苦苦死守。参政邓谦,在战役最激烈的关头,在城墙上昼夜坚守,亲自架炮向清军轰击,直至"矢尽石穷"。因守城将士使用了佛郎机等火器攻击城外清军大军,围势稍减,如此拒敌九昼夜。

崇祯十二年(1639)正月初二清晨,清军全力攻打府城西北角的空心楼。此时,宋学朱正在南门防守,听闻消息后率卒数十人跃马循城而西,冲锋救援。清军使用云梯攻打空心楼,明军则使用火器反攻,恰北风大作,火势反扑,清军趁机攻上城楼。宋学朱手持木棍与清兵肉搏,刃中于面,力屈被执。清兵将他悬挂在城楼上虐杀而死,随后纵火焚楼,宋学朱的尸身也随之烧毁。

城破之后,山东左布政使张秉文虽一介文士,亦披甲仗剑,与敌周旋巷战。张秉文(1585~1638),字含之,号钟阳。安徽桐城人,清代大臣张英的大伯父。他的妻子方孟式,与丈夫张秉文同为桐城人。就在清军攻城之时,家人劝说方孟式立即离开济南城,方孟式临危不惧,斥责道:"我走,城内军民必将认为我丈夫没有决心守城,人心一旦动摇,必然会坏大事!"济南城破后,有人报说张公已逃走。方孟式怒斥到:"你们的主公岂是贪生怕死之徒?他绝不会弃城而逃!"不多时,又有人来报张秉文终因寡不敌众中箭身亡的消息,方孟式听了,顿时泪如雨下:"这回是真的了!"她对妾室陈氏说:"我说过要同丈夫一同生死的,家中幼孤就由你照顾了。"陈氏苦苦哀求要和她一道尽节,说道:"你死我也死!"于是,妻妾二人同出布政使官署,赴大明湖投湖而死。家中侍婢十多人,也一同投湖自尽。有诗云:"夫子之死生惟官守,妾之死生惟夫子。"方夫人之死,看似殉的是丈夫,其实殉的还是国家,守的还是大节。陈氏妾及十多个婢女,尽皆殉的是大节。

除了守城殉国的宋学朱等官员外,守南城的宁海王朱常洍、泰安王府奉国大将军朱常汴、泰安王府奉国四将军朱常涝、临朐王府奉国将军朱常漆城破后均战死;坚守东门的德王仪宾(女婿)陈凤仪与儿子陈正学、陈正己、侄子陈推心奉命,城陷后皆被害。后来家人收殓陈凤仪的尸体时,只剩下没有头颅的尸身。西关回民在陈、金二教长的带领下保卫西关，战死二百余人；巡守四城的生员战死三百五十二人；济南史学家、《历乘》编著者刘敕在此役中不屈而死，家人皆被杀；城内妇女为避免城破被辱，"溺明湖者数万人，投井自缢者半之"。

济南保卫战以济南驻守官员的殉国而告终。据乾隆《历城县志》记载："己卯，十二年春正月庚辛，大清兵入济南，德王由枢被执，布政使张秉文、巡按御史宋学朱、按察副使周之训、兵备道郑谦、盐运使唐世熊、都指挥冯馆、济南知府苟好善、同知陈虞允、教授孔文武、历城知县韩承宣俱死之。"清军俘虏了济南城内的德王朱由枢及其子郡王朱慈等人，放火烧毁了"居全城中，占城三分之一"的德王府。清军占据济南城一共14天，"家余焦壁，室有深坑，湖井充塞，衢巷枕藉。盖千百年来未有之惨也！"直至三月，清军掠走山东人口50余万，撤退出塞。

清军退后，宋学朱的三子皆幼，其长子宋德宸与其叔父一同来济南为宋学朱收尸。逃出得活的历城典史田多善为他们指出宋学朱的赴死处，其楼已为清军烧毁，左右尸骸相枕藉，均已腐烂的不可辨认。拾得宋学朱所遗令箭头，以及佩巡按御史印一枚。宋德宸号哭数日，不得已，只得携衣冠回乡。

山东抚按为宋学朱请恤，杨嗣昌衔怨不许。高起潜既不援济南，又失藩王，恐受惩办，便想卸罪于宋学朱。而中议和一党的大臣们，诬陷宋学朱并没有死。宋学朱的次子宋德宜上书讨封，朝廷交至有司察议，议久不决。不久，北京被闯王李自成攻陷。一直到南明弘光初年，才赠大理寺卿，荫一子入国子监读书。

张秉文有二妾，皆姓陈。其时，小陈夫人正身怀六甲，方夫人要她为腹中胎儿计，坚决不许她殉节。方夫人及陈夫人投大明湖死后，可怜小陈夫人一个弱女子，在战火燃烧后的济南城中，流落街头，靠乞讨将张秉文和二夫人的尸首简单装殓。直到家中得到消息，张秉文之弟张秉彝赶来山东，才将小陈夫人及棺木接回家乡安葬，如今张秉文与夫人的合葬墓仍在其老家安徽桐城黄甲镇汪河村。张秉文死后，虽然清朝乾隆皇帝赠张秉文太常寺卿，赐谥"忠节"，赠夫人一品夫人，但张秉文的三个儿子张克倬、张克仔、张克佑继承父母之志，一直孤高守节，终身不仕。

"戊寅之变"后，朝廷追究责任，杨嗣昌虽被弹劾，但崇祯皇帝还是保住了他，并感慨："大事几成，为几个黄口书生所误，以至于此。"六年后，明朝灭亡。清朝的皇帝同样提倡忠君，便在济南城内修建了一忠两烈祠、双忠祠，以示褒奖。

五

清代的《聊斋志异》中收录了一则故事，说的就是明崇祯年间的这场济南保卫战：历城县的两个衙役，奉县令韩承宣之命，去别的州府办事，年底才返回。路上碰到两个人，衣着打扮也像是公差，便一块同行。交谈中，二人自称是府里的捕快。衙役说："济南城的捕快，我们认识十之八九，你们两位却从没见过。"二人说："实话告诉你们：我们是城隍庙的鬼隶，要去泰山向东岳大帝投送公文。"衙役便问："有什么公事？"回答说："济南将有大劫，报送的公文就是应死之人的姓名和数目。"衙役惊骇地询问死人的数目，鬼隶说："我们也不太清楚，大约将近一百万人。"衙役又问时间，回答是"大年初一"。二衙役惊得面面相觑，计算着赶到济南时正是除夕。回去恐怕遭难，拖延返回又怕受县令责罚，鬼隶说："违了期限是小罪，把命丢了却是大祸，应该赶快躲到别的地方，先不要回去。"衙役听从了鬼隶的劝告。不长时间，清兵大举南下，屠戮了济南城，死尸堆积如山。二衙役因逃避得以幸免。

"戊寅之变"中，济南城中一共死了多少人，并没有一个统一的说法。蒲松龄《聊斋志异·鬼隶》中侧面记述："北兵大至，屠济南，扛尸百万。"这是清初济南民间的说法。而据崇祯《历城县志》记载：清兵"焚杀官兵绅弁数十万人，蹂城十有四日乃去。"又据《明实录·崇祯实录》记载：山东巡按御史郭景昌事后"瘗济南城中积尸十三万余"，这个数据较为准确。

德王朱由枢被俘后，被多尔衮恩养多年，再也没有回过就济南。"戊寅之变"一年后，朱由栎嗣位德王。四年之后，也即崇祯十七年（1644）六月，德王朱由栎降清。"济南保卫战"后没过几年明朝便灭亡了，过火的德王府成为废墟。清康熙年间，山东巡抚在德王府遗址上兴建了巡抚衙门，开启了府城故事的另一个篇章。

"戊寅之变"中死难的官绅，后来都被供奉在县学的忠孝节义祠中。在这场济南保卫战中，山东左布政使张秉文以身殉国的忠臣形象是高大的，堪称忠公体国、大节大义。而他的两位夫人为民族气节而死节，虽悲悯却更可佩！为褒奖他们夫妻，济南人在小布政司街（今省府东街）路北修建了一所"一忠两烈祠"，作为专祠祭祀。清代济南著名诗人任弘远曾多次拜谒此祠，并有七律诗一首传世，诗云：

> 历下城崩昼夜昏，投缳伏剑后先奔。
> 夫妻但得全清节，裙履何妨溅血痕。
> 岳色惨愁悲烈性，济川呜咽泣忠魂。
> 文孙话到前朝事，泪湿衣襟不忍论。

双忠祠位于华家井街（今双忠祠街），是为了祭祀明末抗清英雄山东巡抚宋学朱和历城知县韩承宣建立的，始建于何时并不清楚。

康熙时，宋学朱的次子宋德宜任清廷大学士、吏部尚书，韩承宣的儿子韩世奇任湖南偏沅巡抚。清廷还特意追赠宋学朱为文渊阁大学士，韩承宣为工部尚书。康熙四十四年（1705），康熙巡幸江南，在常洲宋学朱墓地建坊，御题"传经世泽"。康熙四十五年（1706），在倾圮已为民居的故祠址处重建双忠祠，并由诗人王士禛撰写碑记。时宋学朱之孙宋广业在济南任济东道、宋继业任济宁道，韩承宣之孙韩镐调任济南知府，祖孙供职于一地。

乾隆五十六年（1791），重修双忠祠。其后历多次维护修建，至民国初时，祠已坍塌不堪，时有宋公后裔宋福祺代为照管。历经沧桑，祠已废为民居，其迹址今在街西头路北双忠祠39号院内。

双忠祠已经无存，但因修建双忠祠而形成的双忠泉和双忠祠街至今仍然存在，康熙四十五年（1706）建祠时，掘地涌出邻靠的两股泉水，莹洁甘美，遂

崇祯年间，清军由济南府城墙西北角破城（摄于1928年）

以祠名命名为"双忠泉"。山东学政赵申季撰文的《双忠泉记》，载"忽有双泉涌地，莹洁甘美，见者闻者，莫不叹为灵异，云爱构亭其上，而征余为之记。"双忠泉在乾隆《历城县志》有载，郝植恭列入《七十二泉记》。历经几百年的风雨，随着双忠祠的多次塌废，泉池也被掩埋。今重建的泉池在双忠祠街西头路北，形似一个两米多大的扇形水池，深约3米。

双忠祠街33号院里还隐藏着一眼泉水，名叫不匮泉。不匮泉的泉池原呈井形，壁以石砌垒，直径0.5米，水深2米许。不匮泉距离双忠泉只有几步之遥，它的故事距离双忠泉故事发生的时间也不远，主人公是殉国忠烈宋学朱的孙子宋广业。据清人张贞《不匮泉记》和山东学政赵申季《不匮泉跋》载：济东道道台宋广业之母管氏相夫教子，敬奉姑婆，孝名甚著，康熙帝于四十四年（1705）东巡时诰封一品夫人，并赐"北萱映彩"匾额。其子宋广业也有孝名，康熙四十三年至四十八年（1704~1709）任济东道道台时，将其母接至署衙奉养，并在署衙西侧建御书碑亭，把皇帝赐给他母亲的匾额挂在里面。建亭时，于亭后凿池，得一新泉，泉水甘美清冽。根据《诗经·既醉》中"孝子不匮，永锡尔类"的诗句，将泉命名为"不匮泉"，意思是孝子源源不断，如同泉水一样永不枯竭。

回过头来，我们再来看当年清军破城处的西北角楼。角楼也名"空心楼"，是一座类似碉堡的城头建筑，上面架有土炮，是城墙防御体系里的重要建筑物。角楼位于西护城河的最下游，是济南府城的西北角，也是府城墙和圩子墙交界之处。

1928年"五三惨案"期间，日军也曾经强行突破这里，但终以失败告终。

1928年5月3日，蒋介石口头抗议，实则步步退让，宣布绕道北伐。济南城内守军抵挡住日军猛烈攻势，掩护大军撤退。1928年5月8日1时许，日军集中了铁甲车的炮火，对济南府西北城角猛烈轰击，古老的城墙抵挡不住现代火器的威力，被轰塌一段，日军集中兵力从缺口处发起登城攻势。驻守此处的将士300余人，紧紧扼守在城西北的阵地及附近的几个炮垒，顽强抗击着敌人的波浪式冲锋。守军派出了大刀队，在缺口处与日军展开贴身肉搏，反复冲杀五次，使日军遭受重挫。5月9日，日军冲入济南西北的城墙阵地后，便开始向南向东方向两面突击，但都遭到迎头痛击，陷入了进退维谷的境地。5月10日上午7时许，李延年、邓殷藩两团完成战斗准备后，由守备阵地出动，李团由西门向北，邓团由北门向西，沿城墙向西北城角入侵之敌发起猛攻。上午9时，两团重整旗鼓，再度对日军发起猛烈攻击。午后2时后，邓团编组敢死队，最后一次向西北城角之敌强行攻击，为部队撤退提供时机。在敢死队员们英勇地冲锋下，经过一个多小时的惨烈搏斗，大部分日军被灭，少数残敌狼狈逃回商埠，西北城角阵地终于被守城将士牢牢占据。国民革命军全歼西北城角之敌后，在收到撤退命令的情况下，撤离了济南城。这次济南城保卫战，由于敌我力量的悬殊，打得非常惨烈。守城将士同仇敌忾、英勇杀敌、慷慨赴难的精神，值得人们敬仰和怀念。

图书在版编目（CIP）数据

明府城：一城山色半城湖 / 耿仝著. — 济南：济南出版社，2020.6
（济南故事 / 杨峰主编）
ISBN 978-7-5488-4039-8

Ⅰ.①明… Ⅱ.①耿… Ⅲ.①古城—介绍—济南 Ⅳ.①K928.5

中国版本图书馆CIP数据核字（2020）第013656号

明府城：一城山色半城湖
MINGFUCHENG: YICHENG SHANSE BANCHENGHU

出 版 人：	崔　刚
图书策划：	郐　良　李　岩　张元立
责任编辑：	范玉峰　董傲囡
封面设计：	张　金
出版发行：	济南出版社
地　　址：	济南市市中区二环南路1号　250002
邮　　箱：	ozking@qq.com
印 刷 者：	济南新先锋彩印有限公司
经 销 者：	各地新华书店
成品尺寸：	170 mm × 230 mm　1/16
印　　张：	13.5
字　　数：	220千字
印　　数：	1—10000册
出版时间：	2020年6月第1版
印刷时间：	2020年6月第1次印刷
书　　号：	ISBN 978-7-5488-4039-8
定　　价：	69.00元

（版权所有　侵权必究）